초연결의 철학

이 저서는 2019년 대한민국 교육부와 한국연구재단의 지원을 받아 수행된 연구임
(NRF—2019S1A5C2A02082760)

초연결시대
치유인문학
공동저서 ❸

초연결의 철학

송상용

정대현

김선희

이영의

정성훈

심지원

이지선

앨피

머리말

2013년 유럽연합의 '통신 연결망, 컨텐츠, 기술 집행위원회Directorate General for Communication Networks, Contents & Technology'에서 〈온라이프 선언Onlife Manifesto〉을 발표했다.[1] 〈온라이프 선언〉은 디지털 시대를 맞아 기술이 인간의 삶에 미치는 영향을 성찰하고 이에 입각하여 관련 정책의 방향을 제시하는 것을 골자로 한다. 가상공간(온라인) 과 현실의 삶(오프라인)을 엄격하게 구분하고 양자 사이의 바람직한 관계를 정립하는 것이 지난 세기 사이버스페이스 담론의 관심사였다. 그러나 이제는 스마트폰과 인터넷에 연결되지 않은, 즉 온라인이 아닌 삶을 상상하기 힘든 시대다. "온라이프"는 "온라인과 오프라인의 구분에 무감각해진 초연결된 실재가 가져온 새로운 경험"을 가리킨다.[2] 〈온라이프 선언〉에서 특히 주목할 것은 새로운 정보통신 기술의 핵심으로 "초연결성hyperconnectivity"을 제시하고 있

---

1   약호로 DG Connect로 불리는 이 위원회는 영국 옥스퍼드대학에서 정보철학 및 윤리를 가르치고 있으며 '옥스퍼드 인터넷 연구원Oxford Internet Institute'의 연구 교수인 루치아노 플로리디Luciano Floridi의 지휘 아래 유럽연합의 디지털 강령과 관련 정책을 선도해 왔다. L. Floridi (ed.), *The Onlife Manifesto: Being Human in a Hyperconnected Era,* SpringerOpen (Open Access), 2015.

2   L. Floridi, Introduction, *Op. cit.,* p. 1.

는 점이다.

사실 현재로서는 '초연결성'이라는 용어가 개념으로서의 지위를 획득한 상태라 하기 힘들다. 심지어 사전적 정의도 여전히 분명하지 않다. 《옥스퍼드 영어사전》에는 '초연결성' 항목은 없고 대신 "인터넷에 접속된 기기를 과도하거나 습관적으로 사용하는 성향"이라는 뜻의 '초연결된hyperconnected'이라는 형용사가 등록되어 있다. 이 새로운 현상이 하나의 실체로서 인정되고, 또 개념적으로도 '초연결'이나 '초연결성' 등의 실사實辭라는 지위를 획득하려면 시간이 더 필요한 것으로 보인다. 그런데 〈온라이프 선언〉은 이 용어를 전면에 내세운다. 그리고 부제가 말하듯, "초연결시대에 〔여전히〕 인간이기"를 모색한다. 초연결이라는 하나의 사태를 있는 그대로 받아들이고 이 사태가 불러온 사회의 변화에 주목하며, 그럼으로써 실재, 자아, 인간, 사회, 기계, 자연 등 기존의 개념들을 재고하고, 필요한 경우에는 새로운 개념의 발명과 관점의 전환을 도모하는 것이다.

이 책, 《초연결의 철학》도 비슷한 지향을 갖는다. 이 책은 초연결과 이를 둘러싼 인지, 정보, 매체, 기술, 포스트휴먼 등의 관련 주제에 대해 일곱 명의 철학자가 펼친 사유의 기록이다. 이 책의 저자들은 새로운 기술과 그 결과들을 정면으로 응시하고 적극적으로 수용하며 또 전유한다. 그리고 이를 바탕으로 혹은 이에 대해 철학의 본령인 개념적이고 반성적인 사유를 통해 전개한다.

◆ ◆ ◆

포스트휴머니즘과 트랜스휴머니즘은 초연결의 시대정신을 잘 반영하고 또 이 정신과 공명하는 사조라 할 수 있다. 2010년대 이후 본격적으로 논의되기 시작해서 여전히 뜨거운 화두이기도 하다. 그런데 이 논의의 역사는 생각보다 길다. 휴머니즘의 연장 혹은 대안으로서의 트랜스휴머니즘이 한국 독자에게 처음 소개된 것은 1961년 잡지 《휴머니즘》에 게재된 송상용의 〈J. 학쓸리〉에서였다.

같은 저자의 〈줄리언 학슬리의 초휴머니즘과 한국, 1961~2021〉은 이 책을 통해 처음 공개되는 글이다. 이 글로 책의 서두를 장식한 것은, 2021년 올해 한국의 트랜스휴머니즘 50주년을 기념하는 의미도 담고 있다. 이 글에서 저자는 생물학자이자 트랜스휴머니스트(저자의 표현으로는 '초휴머니스트')이기도 했던 줄리언 헉슬리Julian Huxley[3]에 대한 과학사가로서의 전문적 식견을 보여 준다.

헉슬리는 1952년 《진화론적 휴머니즘Evolutionary humanism》을 발표했다. 인간은 자연선택의 맹목적·우연적 작업에 의한 25억 년의 생물학적 진화의 가장 최신이자 가장 우월한 결과물이다. 앞으로도 인간을 대신할 것은 없어 보인다. 그런 점에서 인간은 독특하다. 한편으로 인간은 과거 진화의 상속자인 동시에 미래 진화의 유일한 수탁자로서, 무한한 가능성을 실현함으로써 풍부하고 통일된 인격 형성을 촉진한다. 모든 생물이 전혀 별개의 종으로 분리되는 방향으로 진화해 온 반면, 진화 단계를 거치면서 유일하게 단일의 종으로서 생물학적 통일성을 유지할 수 있었던 것

---

3 저자는 '학슬리'라 표기한다.

도 인류만이 가진 고유한 특징이다. 이로부터 헉슬리는 인간이 원한다면 인간성의 새로운 가능성을 실현함으로써 완전히 자신을 초극할 수 있을 것이라 전망하고, 그런 의미에서 진화론적 휴머니즘을 "초휴머니즘transhumanism"이라 불렀다.

다음으로 저자는 자신이 1960년대 휴머니즘 운동에서 시작해서 50년간 걸어온 이론적이고 실천적인 여정을 되짚는다. 1960년 4·19학생혁명 이후 태어난 '한국휴머니스트회'는 그리스도교와 공산주의를 거부하고 제3의 길로서 과학적·윤리적·민주적 휴머니즘을 표방한 국제휴머니즘운동의 일환이었다. 철학자들이 주도한 휴머니즘운동은 이듬해 군사정부가 들어서면서 이름만 남았을 뿐 사라져 버렸다. 당시에 소개된 초휴머니즘이 다시 나타난 것은 그로부터 40년 후였다. 그런데 저자가 보기에 최근 초휴머니즘의 관심은 이전과는 달리 인간 향상, 인공지능 같은 새 기술을 이해하고 이에 적응하는 데에 집중되어 있다. 오랜 기간 과학기술운동에 몸담아 온 저자는 질주하는 과학기술을 비판적으로 성찰하고 문제를 해결하는 방향으로 나갈 필요가 있다고 강조한다. 마지막으로는 후학들을 위해 저자가 직접 수집하고 분류한 관련 주제들의 참고문헌 목록을 제시한다.

정대현은 〈놀이 인문학 서설: 로봇이 일하고 사람은 노는 세계〉에서 4차산업 시대로 진입한 21세에 나타난 가장 두드러지는 변화의 원인으로 로봇을 지목한다. 저자에 따르면, 과거 세 차례의 산업시대 또한 인간에 대한 이해에 큰 변혁을 야기했지만, 그 변혁은 언제나 인간 주체적이었다. 그러나 지금의 시대는 로봇이 인간 주체성에 개입하거나 손상을 가할 수 있는 계기에 당면해 있다. 〈놀이 인문학 서설〉은 그러한 변혁이 불러올 초연결성의 한 국면에 대한 탐구이다.

여기에서 탐구해야 할 것은 로봇과 인간의 초연결적 역할을 분리하면서도 로봇의 역할을 인간의 인문적 체계에 맞추어 조정할 가능성이라고 저자는 말한다. 과거 인문학은 인간 주체성이 주어진 질서에 순응하며 교양을 증진하는 고전 이해의 인문학이었지만, 미래의 인문학은 로봇을 인간의 조력자로 한정하고 인간이 온전히 주체적으로 남을 수 있는 선제적 인문학일 것을 요청하는 것이다.

저자는 이러한 요청에 부응하여 "로봇은 놀고 사람은 노는 세계의 인문학은 어떤 것인가?"라는 물음을 조명한다. 먼저 "로봇은 즐길 수 없기 때문에 놀 수 없지만 계산할 수 있기 때문에 일할 수 있다"라는 명제의 논리를 밝히고, 다음으로는 "사람은 빅데이터에 로봇보다 접근하기 어렵지만 즐길 수 있으므로 놀 수 있다"라는 명제의 논리를 조명한다. 마지막으로는 "놀이는 인문적 꿈이 지향해 왔던 인간의 본질적 자유의 활동이다"라는 형이상학적 명제의 개연성을 보인다. 만일 인간이 인간의 일상 언어에 장착되어 있는 인간적 가치를 로봇에게 장착할 수 있다면, 로봇은 인간의 훌륭한 조력자가 되고 인간은 자유를 향유하며 놀 수 있는 세계에 가까이 갈 수 있을 것이다. 이것이 저자가 그리는 선제적 인문학으로서의 "놀이 인문학"이다.

김선희의 〈초연결시대 인간과 세계의 디지털 가상성에 대한 철학적 성찰〉은 코로나19로 인한 사회적 거리두기의 장기화, 그리고 그 속에서 초연결시대로의 진입이 가속화되는 현실에 대한 저자 자신의 관찰에서 시작한다. 저자가 보기에 특히 두드러진 현상은 삶의 디지털화다. 철학은 이제 오프라인 영역에서 온라인 영역, 즉 디지털 영역으로의 전환과 확장에 상응하는 연구 패러다임의 전환을 더 이상 미룰 수 없는 시점에 와 있다.

저자는 우선 디지털 세계 속 자아와 가상화 혁명의 정체를 살펴보고, 나아가 가상 실재를 창조하는 호모 사피엔스의 능력과 그 부작용을 비판적으로 살핀다. 마지막으로 호모 사피엔스와 "포노 사피엔스"라 불리는 디지털 인류가 실은 닮은꼴이며 이로 인해 부작용 또한 닮아 있음을 니체의 계보학적 개념들을 통해 드러낸다. 이를 통해 저자는 디지털 인류가 당면할 부작용들을 선취하고 그럼으로써 인류가 장차 좀 더 건강하고 행복한 삶을 살기 위한 진단적 패러다임 마련에 기여하기를 기대한다.

◆ ◆ ◆

앞의 세 글이 인간과 기술 일반에 대한 철학적 반성으로서 총론의 성격을 갖는다면, 이어지는 네 편의 글은 매체와 정보 등 초연결의 철학을 위한 개념적 틀 또는 툴tool을 제시하는 각론이라 할 수 있다.

이영의는 〈기술로서의 매체 발전과 인지의 확장〉에서 매체 그리고/또는 기술, 특히 전자매체의 발전이 인지에 어떤 영향을 끼치는지를 이론적으로 검토한다. 매체는 인간과 세계와의 소통을 매개하는 것으로 폭넓게 이해되기도 한다. 예를 들어 마셜 매클루언Marshall McLuhan은 매체를 인간의 신체와 감각을 확장하는 모든 기술을 망라한 것으로 보았다. 현대 문명의 특징 중 하나는 컴퓨터, 인터넷, 스마트폰 등으로 대표되는 매체들의 급속한 발전이다. 낭만주의자들은 영화《터미네이터》에서 그려지고 있듯이 전자매체를 통한 소통이 궁극적으로 인간성의 상실과 인간의 기계예속을 초래할 것이라고 우려한다. 반면에 낙관주의자들은 전자매체의 발전이 인간을 노동에서 해방시키고 삶을 연장함으로써 제2의 르네상스를 가져올 것으로 생각한다.

매체의 발전이 인지의 확장을 가져온다는 것은 부정할 수 없는 사실이다. 그러나 저자에 따르면 이는 지극히 평범한 사실인 동시에 다른 한편으로는 잘못된 말이기도 하다. 왜냐하면 인지는 애초부터 매체와 더불어 확장되어 있기 때문이고, 매체 발전이 인지에 영향을 미치는 것은 확장이 아니라 내용이기 때문이다. 저자는 인지와 매체의 관계를 확장된 인지 가설hypothesis of extended cognition의 입장에서 분석하고, 매체가 인지를 구성하는 요소가 될 수 있으며, 인지는 매체와의 인과적 통합을 이룸으로써 뇌와 몸의 경계를 벗어나 매체와 환경적 요소로 확장된다는 점을 확인한다.

한편 정성훈은 〈루만의 매체이론을 통해 본 디지털 시대의 매체 간 긴장〉에서 매체의 문제를 체계이론의 사회학자 니클라스 루만Niklas Luhmann의 시각에서 접근한다. 루만은 매체와 형식의 구별을 도입해 명확한 매체 개념을 정립했다. 그리고 유기체의 지각매체, 심리적 체계들과 사회적 체계들의 공진화 매체인 의미, 커뮤니케이션의 기본 매체인 언어, 그리고 커뮤니케이션의 확산매체와 성공매체 등 다양한 매체를 분류할 틀을 마련했다.

디지털 기술의 발전이 인간의 지각 세계와 커뮤니케이션 방식을 크게 바꾸어 놓으면서 전자매체에 대한 관심이 높아지고 있다. 그런데 저자가 보기에 기존의 매체이론과 커뮤니케이션학은 명확한 매체 개념과 분류 방식을 갖추지 못한 채, 루만이 '확산매체'라 부르는 것에만 초점을 맞추고 있다. 하지만 커뮤니케이션을 가능하게 하고 제한하는 매체에는 사회학이 연구해 온 화폐, 권력, 진리, 사랑 등 '성공매체'라 불리는 상징적으로 일반화된 커뮤니케이션 매체도 있다. 디지털 시대의 멀티 전자매체 기술이 발전하고 있는 지금의 상황에서 특히 확산매체와 성공매체 사이의 긴장에 주목할 필요가 있다는 것이 저자의 생각이다.

이에 따라 저자는 동영상에 의해 위협받고 있는 사랑의 내면 서사, 게임처럼 바뀌고 있는 연애, 디지털화로 인해 불안정해질 수 있는 화폐, 글로벌화를 쫓아가지 못하고 있는 법 등의 사례를 통해 이 긴장의 양상을 구체적으로 살핀다. 현대사회의 구조를 허물지도 모르는 새로운 확산매체와 현대사회의 구조를 지탱해 온 오래된 성공매체 사이의 긴장을 살펴보는 일은 디지털 시대에 일어날 사회구조와 사회문화의 변화를 이해하는 데 도움을 줄 것이다.

심지원의 〈기술사회에서 가벼운 '연결'과 버거운 '관계'의 혼란〉은 이 책을 통해 처음 공개되는 글로, 오래전 TV에서 처음으로 개 사료 광고를 보았을 때 저자가 느낀 소회에서 시작한다. 그토록 새롭고 낯설었던 개라는 존재는 이제 반려동물이 되어 우리와 더불어 살고 있다. 그리고 개의 뒤를 이어 "얘들은 좀 다른 것 같아"

라는 모 세탁기 광고에서 보듯 다른 새롭고 낯선 다른 존재들이 등장하고 있다.

기술이 발달하면서 그 다름과 낯설음의 정도 또한 강화된다. 새로운 존재와 대화가 통하기도 하고, 때론 내 말을 제대로 이해하지 못한다고 그 존재에게 화를 내기도 한다. 인간은 인간과 관계를 맺었고, 도구와는 연결되어 있었다. 그러한 연결이 원활하게 작동하지 않을 경우에는 슬픔의 감정보다는 불편함이 작동하곤 하였다. 하지만 오늘날 몇몇 사람들은 로봇 개가 작동하지 않는 것을 죽음이라고 생각하고 장례식을 치르거나 로봇 개를 발로 차는 행위를 보고 로봇을 학대한다고 분노하기도 한다. 의족을 착용하고 비행기에 탑승하려던 사람에게 항공사 직원은 의족을 짐칸에 실을 것은 권고한다. 의족을 착용한 사람은 의족과 관계를 맺고 있는 반면, 항공사 직원은 장애인과 의족이 연결되어 있다고 본다.

새롭고 낯선 존재들이 끊임없이 생겨나고 있다. 그리고 그것을(?) 대하는 사람들의 입장과 태도는 다르다. 인공지능이나 로봇과 같은 존재와 사람 사이에서 발생하는 다양한 문제들에서 낯선 존재를 대하는 태도가 다른 무수한 사람들 사이의 문제로 논의를 전환할 필요가 있다. 이러한 관점에서 저자는 인간과 기술, 그리고 인간과 인간 사이에서 공존하는 가벼운 연결과 버거운 관계들의 혼란을 논한다.

프랑스의 철학자 미셸 세르Michel Serres는 과학, 철학, 예술을 막론하고 다방면에 걸친 방대한 지식을 바탕으로 오늘날 보기 드문 백과전서적 사상을 전개한 것으로 유명하다. 이러한 세르 사유의 핵심적인 측면 중 하나가 정보철학, 즉 정보에 관한 철학적 성찰이다. 이 점에서 정보이론의 창시자 중 한 명인 레옹 브리유앵Léon Brouillin, 정보철학의 기틀을 다진 질베르 시몽동Gilbert Simondon, 그리고 후학이자 동시대인인 브뤼노 라투르Bruno Latour와 베르나르 스티글레르Bernard Stiegler에 이르기까지 정보, 기술, 매체 등에 대해 천착한 프랑스 철학의 계보에 위치한다고 볼 수 있다. 그러나 세르에 대한 본격적인 연구는 한국은 물론이고 본국 프랑스에서도 좀처럼 찾아보기 힘든 것이 현실이다. 그런 만큼 이 책을 통해 처음으로 공개되는 이지선의 〈헤르메스에서 엄지세대로: 미셸 세르의 정보철학과 초연결 사유〉는 이 철학자의 사상을 보기 드물게 비교적 체계적으로 소개하고 있다는 점만으로도 읽어 볼 만하다.

저자는 세르 자신이 원용한 "헤르메스Hermès"와 "엄지세대Petite Pouce"라는 알레고리를 십분 활용해서 세르의 철학을 개괄한다. 교환, 소통, 발명 등을 관장하는 그리스의 신인 헤르메스는 간학문적이고 백과전서적인 그의 학문 스타일을 상징하는 동시에, 1970~80년대 정보화 혁명 이후 등장하여 더 이상 전통적인 생산양식이 아니라 소통 및 교환에 주력하게 된 세대의 상징이기도 하다. 엄지세대는 90년대 인터넷의 등장과 초연결사회가 낳은 세대를 상징한다. 세르는 특히 엄지세대에서 정보가 전통적 의미에서의 지식을 대체하면서 나타난 교육 및 사회 전반의 변화 양상에 주목한다. 저자는 세르의 정보철학과 정보이론에서 및 시기 了요 껭점(특히 정보와 엔트로피의 관계)과 새로운 해석(잡음의 생성적 또는 구성적 역할)을 상세히 논한 뒤, 헤르메스의 시각에서 초연결사회의 도래와 엄지세대의 출현이라는 사건을 재구성하고, 나아가 세르 특유의 초연결적 사유가 초연결사회에 갖는 시사점을 살핀다.

◆ ◆ ◆

역사상 가장 유명한 선언인 〈공산주의 선언〉이 혁명의 필연성을 역설하고 실제로 이후의 혁명을 선도했다면, 〈온라이프 선언〉은 혁명 이후의 선언이라 할 것이다. 그것은 디지털 혁명과 이로부터 도래한 초연결사회를 받아들이고 그로부터 어떻게 사유와 삶의 변화를 이끌어 낼 것인가에 대한 집단지성의 이론적이고 실천적인 고민의 결과물이다. 그러나 어떤 점에서 〈공산주의 선언〉도 다르지 않다. 선언 이전에 혁명은 이미 시작되어 있었다. "하나의 유령이 유럽을 배회하고 있다. 공산주의라는 유령이", 선언을 여는 이 유명한 문구는 선언 이전에 이미 시작된 혁명의 현실에 대한 인식을 역력히 드러낸다. 어쩌면 이것이 모든 선언의 속성인지도 모른다. 다가올 미래에 대한 자기실현적 예언이거나 실천적 강령이라기보다는 현재에 대한 치밀한 인식과 치열한 반성의 논리적이고 필연적인 결과물.

그런 점에서 이 책 또한 하나의 선언이다. 초연결의 철학은 이제 시작이다. 아니, 이미 시작되었다.

2021년 7월
저자들을 대신하여
이지선

차례

줄리언 학슬리의 초휴머니즘과 한국, 1961~2021

송상용

이 글에서 인명과 지명 등 외국어 고유명사의 표기는 저자 고유의 표기 원칙을 따른다.

포스트휴머니즘posthumanism이란 말이 한국에 나타난 지도 꽤 오래 되었다. 휴머니즘이 간단치 않지만 포스트휴머니즘도 여러 가지 다른 뜻으로 쓰인다. 언제부턴가 포스트휴머니즘을 트랜스휴머니즘transhumanism이란 말과 연결해 쓰는 것을 본다. 60년 전 대학 6학년생 때 학슬리의 초휴머니즘을 한국에 처음 소개한 내가 보기에 원래의 뜻이 제대로 이해가 안 된 것 같다. 그때와 지금의 내 생각을 적어 본다.

줄리언 학슬리

줄리언 학슬리Julian Huxley(1887~1975)는 여러 대에 걸쳐 세계적인 학자들을 배출한 명문에 태어났다. 그는 '다윈의 불도그'란 별명이 붙은 토머스 헨리 학슬리Thomas Henry Huxley(1825~1895)의 손자이며 19세기의 손꼽는 시인, 비평가 매슈 아늘드Mathew Arnold(1822~1888)는 그의 외증조부이다. 당대만 해도 작가 올더스 Aldous Huxley(1894~1963)가 그의 아우이며, 막내 (이복) 앤드루Andrew Huxley(1917~2012)는 올더스 형이 죽은 해에 노벨 생리의학상을 받았다.

옥스퍼드에서 교육받은 줄리언 학슬리는 런던대와 왕립연구소 Royal Institution 교수를 역임했고 1958년에는 작위를 받았다. 생물학자로서의 그의 생애는 비교해부학으로 시작하는데 뒤에는 발생학, 유전학, 진화학, 생태학 등 거의 모든 영역에 미쳤다. 아우

올더스는 과학에 조예가 깊었는데 줄리언은 반대로 뛰어난 문학적 재능을 보였다. 줄리언은 시를 써서 상을 타고 시집을 냈는가 하면 에세이스트로서도 정평이 있었다. 그에게는 과학의 대중화에 기여한 공로로 유네스코의 칼링가 상Kalinga Prize이 주어지기도 했다.

학슬리의 관심은 생물학을 넘어 인류학, 심리학, 종교학, 사회학 등 인문·사회과학 전반으로 확대되었으며 모두 중요한 저술을 남기고 있다. 이렇게 다재다능하면서도 천박하지 않았다는 점에서 그는 할아버지 토머스 헨리를 그대로 닮았다. 더욱이 학슬리는 같은 시대의 영국 생물학자들 홀데인J. B. S. Haldane(1892~1964), 니덤Joseph Needham(1900~1995), 버널J. D. Bernal(1901~1971)이 그랬듯이 사회개혁에 대한 열정에 불탔다.

학슬리는 제2차 세계대전이 끝나자 유네스코 창립에 참여해 초대 사무총장을 지냈다. 교육문화기구(UNECO)가 될 뻔한 것을 S를 넣어 교육과학문화기구로 만든 것은 학슬리였다. 그는 1952년 IHEU(International Humanist and Ethical Union, 국제 휴머니즘 및 윤리주의연합) 창립총회에서도 회장으로 뽑혔다. 그리고 노령으로 은퇴할 때까지 영국휴머니스트회(British Humanist Association)의 회장이었다

다윈의《종의 기원》이 출판된 다음 해인 1860년 영국과학진흥협회에서 벌어진 토머스 학슬리와 윌버포스Samuel Wilberforce 주교의 원숭이 논쟁 100주년을 기념하는 '과학과 신science and God' 논쟁이 1960년 줄리언 학슬리와 매스콜E. L. Mascall 신부 사이에서 있

었다.[1] 여기서 학슬리는 말했다. 진화와 신이 똑같이 가설로 출발했지만 백 년 만에 진화는 확정되었고 신의 가설은 증명되지 못했다. 그리스도교의 신은 인간의 운명에 그늘을 던지는 공포의 그늘이므로 이 부담에서 벗어나는 것이 구제다.

학슬리의 사상은 철두철미 진화론에 근거를 두고 있다. 윤리와 종교를 진화론적으로 다루려는 노력은 이미 《계시 없는 종교 Religion without Revelation》(1928)에 보인다. 그는 이를 발전시켜 1952년 진화론적 휴머니즘evolutionary humanism이란 포괄적인 철학을 발표했다. 인간은 신에 의해 창조된 것이 아니며 '진화의 상 아래sub specie evolutionibus' 봄으로써 인간의 모든 문제가 해결될 수 있다고 학슬리는 강조한다. 인간은 자연선택의 맹목적 · 우연적 작업에 의한 25억 년의 생물학적 진화의 결과 생겨난 최근의 가장 우월한 형이며 앞으로도 인간에 대신할 아무것도 없다. 이 진화의 마지막 단계에서 개념적 사고, 언어, 자의적인 목적을 가진 인간이 혁명적으로 출현한 것이다. 인간의 진화는 생물학적일 뿐 아니라 정신 · 사회적psycho-social인 것으로서 새로운 관념 형태가 개입되는 데 특징이 있다. 이런 뜻에서 인간은 독특하다.

인간은 우주적 과정에서 과거의 진화의 상속자인 동시에 미래의 진화의 유일한 수탁자로서 무한한 가능성을 실현함으로써 풍부하고 통일된 인격의 형성을 촉진할 수 있다. 여기서 우리는 학슬리의 철저한 인간주의를 엿볼 수 있다. 또한 모든 생물은 전혀

---

[1] *The Observer*, 17 July 1960.

별개의 종으로 분열되어 왔는데 인류만이 단일의 종으로서 생물학적 통일성을 유지할 수 있다는 결론 위에 그의 인류주의는 성립한다.

인간은 자기의 운명을 결정하기 위해 공통의 사상과 이상을 담을 틀을 만들어야 하며 인류의 통일을 유지할 수 있는 관념체계를 가져야 한다. 이 관념체계로서 진화론적 휴머니즘을 제시하는 학슬리는 기존의 경쟁하는 사상 그리스도교와 공산주의를 거부한다. 그리스도교의 신은 인간의 운명에 그늘을 던지는 공포의 근원이므로 이 부담에서 벗어나는 것이 구제가 된다. 진화론적 사고의 패턴에는 초자연적인 것은 받아들일 필요가 없고 자리도 없다.

그러나 "존재와 보통의 사물과 인생의 사건에서 신성한 것"을 종교의 본질로 규정한 학슬리는 종교에의 갈망이 도덕 판단과 추상적 사고를 하는 인간에게 피할 수 없는 것임을 인정한다. 유신론적 종교는 인간이 자연 및 인간 내부와 싸우지 않을 수 없었던 원시적 인간 사고라고 그는 단정하면서 신 없는 세계에서의 인간의 정신적 발전의 성취를 돕는 진화론적 종교를 제안한다. 그가 말하는 종교는 과학 지식과 모순되지 않을 뿐 아니라 그 기초 위에 서며 온 인류에게 어필할 수 있는 '계시 없는 종교religion without revelation', 곧 진화론적 휴머니즘을 가리킨다.

학슬리의 새 종교는 지상의 인류의 행복을 위해 기꺼이 헌신하는 생활방식이다. 더욱이 그것은 이단자를 화형에 처하고 반대자를 강제노동수용소에 보내는 과거의 종교와는 근본적으로 다른 이성, 과학, 민주주의 방법을 따르는 종교이다. 그러나 휴머니즘을 새 종교로 보는 그의 견해에는 문제가 있다. 물론 그것은 전통적인 의미의 종교는 아니다. 따라서 종교답지 않은 종교이다. 그렇다면 그것에 구태여 종교라는 낡은 옷을 입힐 필요가 있을까? 아무래도 그리스도교적인 배경에서 자란 그가 허전함을 메우려고 해켈Ernst Haeckel(1834~1919)류의 일원론Monismus적 종교 비슷한 것을 구상했다는 인상을 받는다.

한편 학슬리는 공산주의를 유사종교로 규정한다. 공산주의는 잘 조직되어 있고 효율적이지만 순전히 유물론적인 토대는 그 효율성을 한계 짓는다. 특히 생물학자인 그는 리셍코Trofim Lysenko(1898~1976) 파동을 예로 들어 공산주의가 과거에 그리스도교회가 그랬던 것처럼 과학과 문화의 자유를 탄압하고 있음을 신랄히 공격한다. 그는 국가나 공동체를 개인보다 중요시하는 데 반대하지만 자유방임적 개인주의도 지양되어야 한다고 믿는다. 기아, 빈곤, 무지 같은 쓸데없는 부담으로부터 해방되기 위해 계획은 필요하다. 다만 지나친 통제, 단조로운 획일성을 반대할 따름이다. 결국 그의 정치적 입장은 영국 노동당쯤에 머물고 있음을 알 수 있다.

모든 도그마와 권위를 배격하는 진화론적 휴머니즘의 뼈대를 이루는 것은 다름 아닌 과학이다. 과학은 계속 자체의 결론을 수정해 가는 것이므로 과학적 방법을 채택한 휴머니즘도 고정된 교의가 아니라 발전하는 철학이다. 그러나 그는 과학기술이 인간을 노예화할 수 있음을 시인하고 천진난만한 과학 맹신을 경고하기를 잊지 않는다. 과학만으로 모든 것이 해결되지는 않으며 인간의 궁극적인 행복은 내적 정신생활에 있다고 그는 본다. 그가 예술, 사랑, 지적 이해 등을 중요시하는 것은 바로 이 때문이다.

학슬리는 말한다. "인류의 과거는 종교적 단계였고 현재 우리는 기술적이며 국가주의적인 단계에 있으나 역사의 다음 단계는 휴머니즘의 단계다." 인간은 더 좋게든 나쁘게든 그가 원하는 대로 미래를 고쳐 갈 수 있다. 그러나 그의 낙관주의는 전투적, 독단적인 것이 아니라 인간, 지성, 과학의 토대 위에 선 합리적 낙관주의다. 마르크스주의자들이 "역사는 우리 편이다" 하는 데 대해 학슬리는 이렇게 응수한다. "우리는 역사의 모험에 참여하는 사람들이다. 만일 우리가 올바르게 생각한다면 우리는 역사의 정당한 발전을 촉진할 수 있다." 그는 과학문명의 문제점을 일찍이 50년 전에 간파하고 있었다.

학슬리는 인간의 질을 악화시키고 지구 자원의 고갈을 초래할 인구폭발을 막는 일이 시급하다고 역설한 바 있다. 또한 서구 경제체제의 산물인 소비 폭발이 자멸의 과정이라 단정하고 자연을 파괴로부터 보호하는 것이 생존의 전제라고 강조했다. 나아가 전쟁을 억제할 수 있는 세계정부의 수립을 제창했다. 학슬리는 진화론적 자연주의의 입장에서 인간은 자연의 일부이며 모든 생물과 연계된 존재임을 확신하고 있었기에 자연과 공존할 수 있는 지혜를 알고 있었던 것이다. 그가 지나치게 분석적인 서구문명은 동양의 전체와 조화의 사상에서 배위야 한다고 주장한 것은 매우 시사적이다.

학슬리의 마지막 공적 활동은 1973년 제2휴머니즘 선언Humanist

Manifesto II에 서명한 것이다. 미국 철학자 커츠Paul Kurtz(1925 ~2012)

등이 기초한 이 선언은 기본적으로 학슬리의 사상을 발전시킨 것

이라고 보아도 좋다. 여기에는 인류의 미래에 대한 온건한 낙관론

이 담겨 있다. 인간은 그가 원한다면 인간성의 새로운 가능성을 실

현함으로써 완전히 자신을 초극할 수 있다는 뜻에서 학슬리는《새

술은 새 병에New Bottles for New Wine》(1957)서 진화론적 휴머니즘을

초휴머니즘transhumanism이라고도 불렀다.

한국의 휴머니즘운동과 초휴머니즘

국제휴머니즘운동은 계시종교와 전체주의를 거부하고 제3의 길

로서 과학적 · 윤리적 · 민주적 휴머니즘을 표방했다. 한국에서도

1958년 상우회尙友會라는 휴머니즘 연구 동아리가 태어났는데 회

원들은 4 · 19혁명을 성공으로 이끈 교수 데모의 주동자들이었다.

1960년에는 레이몬트Corliss Lamont(1902~1995)의《휴머니즘의 철학

The Philosophy of Humanism》(1949, 1997)을 읽는 젊은 철학자들의 윤독

모임이 생겼다. 상우회와 윤독회를 모체로 120여 명의 교수, 언

론인, 작가들이 모여 1960년 9월 4일 한국휴머니스트회가 발족했

다.[2] 당시 지식인들의 사회참여 열망이 반영된 것이라 할 수 있다.

---

2 유진오, 박종홍, 이상은, 이종우, 김경탁, 정석해, 이인기, 김계숙, 최재희, 하기락, 안병
   욱, 김태길, 이석희, 윤명로, 조가경, 조요한, 안상진, 최동희, 김영철, 신일철, 조우현,

한국휴머니스트회는 철학자들이 주동이었고 학생회는 법학도들이 많았다.

나는 창립 때부터 이상은 초대 회장, 최재희 부회장·2대 회장, 손우성·이종진 부회장 밑에서 5년 동안 간사로 실무를 도맡았다. 그때 한국은 종교의 횡포가 없었으므로 운동의 초점을 사회 개혁에 두었다. 우리는 사형 폐지·산아제한·한미행정협정 체결 촉구운동을 했다. 한국휴머니스트학생회는 연구와 농촌봉사 활동을 겸했다.

박정희 독재가 강화되면서 휴머니즘운동도 침체에 빠졌다. 70년대에는 유신철학자들이 회의 명맥을 이었고 이규호, 김형효 등이 전두환 쿠데타를 지지하는 망발을 저질렀다. 그 다음에는 휴머니스트학생회가 청년회를 거쳐 한국휴머니스트회의 간판을 달고 있으나 친목단체일 뿐이다. 진보적인 그리스도교도들이 민주화운동을 하는 동안 젊은 휴머니스트들은 체제에 안주했다.

한국휴머니스트회는 국제 휴머니즘 및 윤리주의연합의 회원단체가 되어 줄리언 학슬리 영국휴머니스트회장, 버트런드 라슬 Bertrand Russell(1872~1970) 합리주의출판협회장과 연대 활동을 했다.

이양기, 조규하, 박종현, 송상용, 이영호, 이한구, 김성근, 김정학, 길현모, 민석홍, 이광주, 홍영백, 이진숙, 이의철, 권중휘, 이양하, 손우성, 김붕구, 정명환, 박이문, 정경석, 조지훈, 백철, 이범선, 여석기, 송욱, 한무숙, 임옥인, 추식, 남욱, 김열규, 이어녕, 유종호. 차주환, 장기근, 권영대, 이민재, 이종진, 지창렬, 조순탁, 박태규, 황산덕, 김기두, 신영수, 홍준식, 최문환, 이혜영, 홍승직, 한완상, 신상초, 이극찬, 김영국, 육지수, 박희범, 이충효, 서경수, 지명관, 김하태, 천관우, 장준하, 박동운, 선우휘, 송건호, 오정렬, 최일남 등이 참가했다.

나는 학슬리의 초휴머니즘을 한국에 처음으로 소개하는 글을 썼다. 제2휴머니즘 선언에도 파이글 Herbert Feigl(1902~1988), 에어A. J. Ayer(1910~1989), 사하로프Andrei Sakharov(1921~1989)와 함께 서명했다. 회원으로서 내 마지막 활동이었다.

2000년대에 들어와 한국 철학자들의 초휴머니즘에 관한 논문들이 나온 것을 보고 놀랐다. 1998년 철학자 보스트럼Nick Bostrom과 퍼스David Pearce가 세계초휴머니즘회(World Transhumanist Association)를 만들었다. 2004년 진보적 자유주의에 좌우파 정치 투쟁이 있었고 2008년 중도 좌파가 승리해 사회학자 휴즈James Hughes가 대표하는 Humanity+로 이름이 바뀌었다. 왜 1952년 출범한 IHEU를 두고 다른 단체를 만들었는지는 알 수 없다.

한국에서는 박성원 등의 과학기술정책연구원 정책연구《트랜스휴머니즘 부상에 따른 과학기술 정책이슈의 탐색》이 1960년대 전 국민의 과학화 운동과 트랜스휴머니즘의 관계를 언급하고 있다. 둘이 직접 관계가 있는 것은 아니다. 나는 과학의 대중화가 중요하다고 늘 주장했지만 과학의 좋은 면만 보여 주지 말고 부정적인 면도 함께 알려 주어야 한다고 강조했다. 트랜스휴머니즘과 관련해 인공지능이 많이 다루어졌지만 때마침 관심이 높았기 때문일 것이다. 트랜스휴머니즘에 관한 논문을 가장 많이 발표한 심리철학자 신상규는 트랜스휴머니즘에서 가장 중요한 인간 향상human enhancement에 대한 철학자들의 비판을 소개하면서 유익한 반론을 펴고 있다.

인간 향상보다 과학 비판을

나는 60년 전 학슬리의 초휴머니즘에 매혹되었으나 그 다음에 과학을 보는 눈이 크게 달라졌다. 듀이John Dewey(1859~1952), 라슬, 학슬리, 레이몬트 등 휴머니즘운동을 주도한 구 좌익old left 은 과학을 옹호했다. 나도 그들을 따라 과학주의자가 되었지만 미국에서 68혁명Revolution 1968을 겪은 나는 마르쿠제Herbert Marcuse(1898~1979), 하버마스Jürgen Habermas(1929~)의 영향을 받은 새 좌익new left을 따라 과학을 비판적으로 보기 시작했다. 베트남 전쟁, 마틴 루서 킹, 로버트 케네디의 암살, 대학투쟁을 겪으면서도 내적 (철학적) 과학사를 배웠는데 학생들은 과학과 사회를 주제로 한 강의가 없는 게 불만이었다. 이제 과학사·과학철학은 원자폭탄, 우생학의 탈선, 인체 실험, 환경 재앙을 외면할 수 없게 되었다.

1970년부터 나는 대학의 인문사회계열 학생들에게 과학사, 과학철학, 과학기술과 사회를 강의하면서 과학의 문제점들을 제기했다. 나는 환경문제의 뿌리부터 시작했다. 중세기술사학자 화이트 2세Lynn White, Jr.(1907~1987)는 그리스 사람들이 자연에는 정령이 깃들어 있다고 믿었으나 중세 가톨릭 교회는 정령 숭배를 성자 숭배로 바꿔 놓아 인간이 자연을 마음껏 착취할 수 있게 되었다고 보았다. 그는 자연을 형제로 대신 13세기의 이단자 수사 성 프란치스코St. Francis를 새 수호성인으로 받들 것을 제안했다. 근대에 이르러 철학자 베이큰Francis Bacon은 "지식은 힘"이라 했고 데카르트René Descartes는 인간을 "자연의 주인이며 소유자"라고 해 자연 개발을 정당화했던 것이다.

나는 20세기 중반 환경문제를 깨우친 듀보스René Dubos(1901 ~1980), 카슨Rachel Carson(1907~1964), 카머너Barry Commoner(1917 ~2012) 등의 책을 읽히면서 환경철학, 환경사회학 학회들에서 활동했다. 1994년 국제적 환경단체 환경운동연합이 출발할 때 초청을 받고 참여해 시민환경대학장, 환경교육센터 이사장으로 일했다. 동강댐 건설은 막았으나 새만금 개발은 참패했다.

1945년 8월 히로시마廣島, 나가사키長崎에 떨어진 원자폭탄은 일본의 항복을 가져왔지만 죄 없이 죽은 20만 가까운 시민 가운데는 4만의 한국인이 있었다. 노벨상 수상자들이 벌인 반핵운동은 아직도 미국 정부의 사과를 받지 못했고 한국에서는 원자력 발전 반대운동으로 이어졌다. 원자력 발전은 체르노빌과 후쿠시마福島의 참변을 가져왔으나 아직도 숙제로 남아 있다.

1980년대 급진전을 보인 생명공학의 발전은 의료윤리를 크게 확장한 생명윤리bioethics를 낳았다. 1995년 세 사람의 동북아시아 과학철학자들이 베이징에 모였다. 사카모토 햐쿠다이坂本百大(1928~2020), 추런종丘仁宗(1933~), 송상용(1937~)이 베이징에 모여 동아시아생명윤리학회를 만들었다. 3년 뒤 아시아생명윤리학회(ABA)로 범위를 넓힌 학회장은 셋이 나이순으로 맡았고 4대는 인도의 아자리아Jayapaul Azariah, 5대는 필리핀의 카스트로Leonardo de Castro였다.

20세기 전반에는 몇 가지 심각한 과학의 오용이 있었다. 우생학eugenics은 좋은 태어남이란 말인데도 더러운 말이 되었다. 미국과 유럽에서 1930년대에 통과된 국가기원할당법은 앵글로색슨 아닌 사람들에 대한 분명한 차별이었다. 그것은 무서운 인권침해였다. 나치 독일에서는 1934~1939년에 사회적으로 부적당하거나 지적 장애가 있는 40만 명의 사람들이 강제 거세되었다.

아시아생명윤리학회는 아시아 전역을 돌면서 해마다 모이는데 특기할 것은 일본군 731부대를 다룬 모임이 다섯 번이나 있었다는 것이다. 제2차 세계대전 중에 아우시비츠에서는 나치가 유대인을, 만주 핑팡平房의 '죽음의 공장'에서는 일본 731부대가 중국, 러시아, 몽골, 만주, 미국, 한국인들 3천 명을 생체실험했다. 전후 독일은 뉘른베르크 군사재판에서 실험 책임자들을 재판해 처형했으나 미국은 731부대에서 얻은 귀한 실험자료를 챙긴 대신 범인들을 재판에 올리지 않았다. 731부대원들은 귀국한 뒤 오히려 정부의 후한 대접을 받았다. 미국에서 두 번째 회의가 있었을 때 철학자 위클러Daniel Wikler는 미국과 중국 현지에서 731부대에 관한 회의를 두 번 하겠다고 했으나 돈을 구하지 못해 포기했다. 일본, 중국, 대만에는 731부대 전문 연구를 하는 학자가 여럿 있다. 한국에서는 작은 학회가 네 번 있었다.

1980년대에 비롯한 한국의 생명공학 개발정책은 1997년 복제양 돌리의 탄생을 계기로 가속화되었다. 때를 같이해 생명윤리 논의가 활기를 띠었다. 황우석 등의 민감한 연구가 생명과 학계의 주목을 끄는 가운데 생명윤리법 제정을 둘러싼 논란이 오래 계속되었다.

황우석 소동이 일어난 한 달 동안 나는 외국에 있었다. 아시아 생명윤리학회(터키 션루르파)에서 새튼의 결별 선언을 들었다. 국제생명윤리학회(스페인 히혼)가 끝날 무렵 황우석의 회견이 CNN, BBC에 보도되었고 지방지들까지 대서특필했다. 낯을 들 수 없었다. 폐회연설을 한국 상황에 대한 설명으로 메워야 했던 나의 심정은 참담했다.

황우석이 온 세계에 알려진 것은 2004년 《사이언스Science》에 발표된 논문 때문이었다. 이때 한국생명윤리학회는 '치료용 인간 배아복제 연구윤리 특별위원회'를 만들어 윤리 문제 점검에 나섰다. 학회는 학회장인 내 이름으로 《사이언스》 편집인에게 항의 편지를 보냈고 총회에서 난자 취득, 기관 윤리위원회, 저자 등 제기된 윤리적 문제점들에 대한 해명을 요구하는 성명을 채택했다. MBC 〈PD수첩〉으로 불거진 난자 문제에서 시작해 황우석의 2004년, 2005년 논문이 다 날조였음이 밝혀지면서 황우석의 몰락으로 끝났다.

유네스코에서는 1993년 국제생명윤리위원회(IBC: International Bioethics Committee)가 먼저 만들어졌고 5년 뒤에는 세계과학기술윤리위원회(COMEST: Commission Mondial d'Éthique des Connaissances Scientifiques et des Technologies)가 출발했다. 2004년 내가 한국에서는 첫 번째로 위원이 되었고, 이듬해에는 부위원장으로 뽑혔다. COMEST는 생명윤리 이외의 과학기술윤리 전반을 다루고 있다. IBC는 '생명윤리와 인권보편선언' 등 중요한 선언을 여럿 발표했지만 COMEST는 별로 성과를 못 냈다. COMEST의 관심은 정보기술윤리에서 시작해 담수윤리, 외계윤리, 핵기술윤리, 나노윤리, 기후변화윤리, 인공지능윤리까지 다양했다. 위원으로 활동하던 때 나는 같은 철학 전공인 아프레시안Ruben Apressian(러시아), 하팅Johan Hattingh(남아프리카공화국) 위원과 함께 환경윤리에 특별한 관심을 갖고 참여했다. 그 결과 *Environmental Ethics and International Policy*(2006)가 발간되었다. 또한 과학기술윤리강령 제정에도 특별히 노력을 기울였는데, 그것이 쉽지가 않았다. 당시 부시 정부 때 미국의 COMEST 위원은 지구온난화를 부인하는 네오콘(신보수주의자)이었다. 미국은 이제 더 이상 표준 설정 standard setting을 하지 말자고 했다. 마츠우라Koichiro Matsuura 사무총장은 일본 출신이라 미국의 뜻을 무시하기 어려운 형편이었다. 사무국에서 고민을 하다가 1974년 유네스코에서 과학 연구자들이 지켜야 할 규정을 만들어 놓은 것을 기초로 이를 선언으로 발전시켜 보자는 아이디어를 냈다. 내가 그것을 읽고 신랄한 배경 논문을 썼다.[3]

1930년대의 낡은 과학관을 반영해 만든 1974년의 유네스코 권고는 너무 고칠 것이 많았기 때문이다. 이 배경논문을 가지고 도쿄, 뉴델리, 주네브, 방콕, 서울, 벨로 오리손치(브라질)에서 자문회의를 한 결과 압도적으로 찬성하는 결론이 나왔다. 자문회의를 아랍 지역, 아프리카 쪽으로 확대해 윤리강령으로 발전시키려고 하다가 내 임기가 끝난 것이다. 그 이후 상황을 듣지 못하다가 찾

---

3 Song Sang-yong, "Reflections on the UNESCO Recommendation of 1974." 2006.

아보니 2017년에 유네스코 권고의 수정 작업을 했다는 것을 알게 되었다.

한편 한국에서도 과학기술자 윤리강령을 제정하려는 시도가 있었다. 2002년에 내가 한국과학기술한림원의 '과학기술인 헌장 제정에 관한 연구' 프로젝트를 맡아 보고서를 냈다. 과학기술자 윤리강령 시안을 만들고 유네스코한국위원회와 한국과학기술한림원, 한국과학기술단체총연합(과총)이 공동으로 과학기술자 윤리강령을 만들자고 과학기술부에 제안했다. 그런데 과기부에서 그것을 과총에 맡겼다. 과총은 인사치레로 유네스코한국위원회와 한림원을 협력 기관으로 집어넣었지만 실제로는 단독으로 연구윤리강령 비슷한 것을 만들었다. 제대로 된 과학기술자 윤리강령은 앞으로의 과제로 남아 있는 상황이다.

황우석이 정부의 비호를 받고 스타 과학자로 날릴 때 한국의 철학자 몇 사람이 인간의 개체 복제가 나쁠 것 없다는 논문을 발표했다. 논문은 출판되었지만 실제로는 있을 수 없는 일이다. 2018년은 셸리Mary Shelley가 〈프랑켄슈타인Frankenstein The Modern Prometheus〉(1818)을 발표한 지 200주년이 되는 해였다. 시험관 아기가 태어난 지 40년이 되는 해이기도 했다. 그해 연말 가까이 중국 과학자 허젠쿠이贺建奎 · He Jiankui(1984~)가 크리스퍼 유전자 가위를 써서 세계에서 처음으로 '유전자가 편집된 사람crispr baby'을 만들었다는 발표를 했다. 비슷한 때 러시아의 레브리코프Denis Rebrikov도 만들겠다고 했다. 허는 체포되어 재판에 넘겨져 3년 징역형을 받고 복역 중이다. 레브리코프는 오보라고 해 넘어갔다.

학슬리가 초휴머니즘의 큰 그림을 그리고 방향만 제시했다면 나는 그것을 보완하며 밀고 나가는 것보다는 과학이 잘못 가지 않도록 하는 것이 더 중요하다고 생각한다. 시간을 두고 학슬리의 좋은 꿈을 실현하는 데 기여할 수 있기를 바란다. 학슬리의 글들을 다시 꼼꼼히 읽고 논문을 쓰고 싶다.

참고문헌

I. 줄리언 학슬리의 초휴머니즘

Huxley, J., *Religion without Revelation*, London: Harper & Brothers, 1927, Revised Edition, 1957.

Huxley, A., *Brave New World*, New York: Harper & Brothers, 1932.

Huxley, J., *Evolution: The Modern Synthesis*, London: George Allen & Unwin, 1942, 1963, 1974.

_____, *New Bottles for New Wine*, London: Chatto & Windus, 1957.

Huxley, J. (ed.), *The Humanist Frame*, New York: Harper & Brothers, 1961.

Huxley, J., *Memories*, I and II, London: George Allen & Unwin, 1970

_____, *Evolutionary Humanism*, Amherst, NY: Prometheus Books, 1992.

Baker, J. R., *Julian Huxley, Scientist and World Citizen, 1887-1975*, Paris: UNESCO, 1978.

Bostrom, N., "A History of Transhumanist Thought," *Journal of Evolution and Technology* 14, 1, 2005. (www.nickbostrom.com)

Farber, Paul Lawrence, *The Temptations of Evolutionary Ethics*, Berkeley, CA: University of California Press, 1998.

Huxley, J., *Leaves of the Tulip Tree*, London: Murray, 1986.

Singer, P., *The Expanding Circle. Ethics and Sociobiology*, Oxford: Oxford University Press, 1981.

Waters, C. K. and van Helden, A. (eds.), *Julian Huxley: Biologist, Statesman of Science*, Houston: Rice University Press, 1993.

Weindling, P., "Julian Huxley and the Continuity of Eugenics in Twentieth-Century Britain," *Journal of Modern European History*, 10, 4, 2012, pp. 480-499.

줄리언 학슬리, 〈인류의 장래〉, 송상용 옮김, 《대학신문》 533호, 1964. 4. 2.

레이몬트, 《휴머니즘》, 박영식 옮김, 정음사, 1964.

한국휴머니스트회 편, 《휴머니즘과 현대사상》, 범조사, 1961.

송상용, 〈J. 학슬리〉, 《휴머니즘》 제1집, 1961, 59~64쪽.

_____, 〈한국휴머니스트회가 걸어온 길〉, 《휴머니즘》 제1집, 1961, 86~87쪽.

이종진, 〈초휴머니즘의 이해〉, 《사상계》, 1962. 9, 60~65쪽. (송상용 대필)

송상용, 〈국제휴머니즘운동의 배경과 현황〉, 《서울여대》 3호, 1964. 11. 28.

_____, 〈미국 휴머니즘운동의 새 방향〉, 《휴머니스트》 4, 1970, 304~306쪽.

_____, 〈선각자 줄리언 학슬리: 그의 부음에 접하고〉, 《독서신문》 217, 1975.
    3. 2.

_____, 〈줄리언 학슬리〉, 《일요신문》 701호, 1975. 12. 14.

_____, 〈휴머니즘〉, 《독서신문》 364호, 1978. 2. 12.

_____, 〈줄리언 학슬리〉, 《성대신문》, 1978. 5. 13.

줄리언 학슬리, 〈참된 휴머니스트 올더스 학슬리〉, 송상용 옮김, 《외대학보》
    201, 1975. 3. 16.

최재희·송상용, 〈대담: 상황인식과 통일지향〉, 《정경문화》, 1980. 7.

송상용, 〈과학과 휴머니즘〉, 소흥렬 편, 《문화와 사상》, 이화여자대학교출판부,
    1985, 228~240쪽.

_____, 〈휴머니즘의 실천적 과제〉, 《호의령》 6호(고려대 의대), 1986, 211~214
    쪽: 〈청년휴머니스트 20년〉, 한국휴머니스트청년회, 1989, 36~41쪽.

_____, 〈휴머니스트 최재희〉, 《제14회 서우철학상회보》, 2002. 6. 14, 11~14쪽.

_____, 〈휴머니스트는 어디에?〉, 《한겨레》 2008. 12. 24.

_____, 〈우송과 함께 한 반세기〉, 《우송 김태길 선생의 삶과 사상》, 철학과현
    실사, 2010.

II. 트랜스휴머니즘과 포스트휴머니즘

강영안·이상헌, 〈포스트휴머니즘에 관한 철학적 성찰〉, 《지성의 지평》 15,
    2013, 150~170쪽.

고인석, 〈인공지능이 자율성을 가진 존재일 수 있는가?〉, 《철학》 133, 2017,

163~187쪽.

_____, 〈인공지능의 존재 지위에 대한 두 물음〉,《철학》136, 2018, 161~183쪽.

_____, 〈인공물이 행위 주체가 될 수 있을 조건〉,《과학철학》23: 1, 2020, 1~34쪽.

김진석, 〈약한 인공지능과 강한 인공지능의 구별의 문제〉,《철학연구》117, 2017, 111~137쪽.

박인철, 〈트랜스휴머니즘과 생활세계: 후설 현상학의 관점에서〉,《철학연구》126, 2019, 85~115쪽.

손화철, 〈제4차 산업혁명과 과학기술거버넌스〉,《철학과 현실》112호, 2017, 179~198쪽.

신상규, 〈과학기술의 발전과 포스트휴먼〉,《지성의 지평》15호 2013, 128~149쪽.

_____,《호모사피엔스의 미래: 포스트휴먼과 트랜스휴머니즘》, 아카넷, 2014.

_____, 〈인공지능은 자율적 도덕행위자일 수 있는가?〉,《철학》132, 2017, 265~292쪽.

_____, 〈인공지능, 새로운 타자의 출현인가?〉,《철학과 현실》112, 2017, 155~178쪽.

우태민 · 박범순, 〈인공적인, 너무나 자연적인: 포스트 게놈시대 합성생물학과 트랜스휴머니즘〉,《과학기술학연구》, 16:2, 2016, 33~63쪽.

이상욱, 〈인공지능의 한계와 일반화된 지능의 가능성〉,《과학철학》12, 1, 2009, 49~69쪽.

_____, 〈유네스코 기후변화 윤리 선언의 윤리적 함의 및 관련 국제동향〉, 유네스코 기후변화 윤리 원칙 선언 토론회, 유네스코한국위원회, 2018.

_____, 〈AI 관련 국제 논의 동향: EU, OECD, UNESCO, IEEE 를 중심으로〉,《인공지능(AI)윤리 성찰포럼 결과보고서》, HY 과학기술윤리법정책센터, 유네스코한국위원회, 2019.

_____, 〈인공지능의 도덕적 행위자로서의 가능성: 쉬운 문제와 어려운 문제〉,《철학연구》125, 2019, 259~278쪽.

이종관, 〈테크노퓨처리즘과 네오휴머니즘의 대결, 그리고 그 화해를 향하여. 트랜스휴머니즘, 인공생명, 하이데거를 중심으로〉,《현상학과 현대철학》, 59, 2013. 12., 5~49쪽.

이중원, 〈인공지능과 민주주의〉, 《철학과 현실》 123, 2019, 124~135쪽.

정대현, 〈특이점 인문학: 특이점로봇은 인간사회의 성원이다〉, 《철학》 131, 2017, 189~216쪽.

_____, 〈알파고: 나는 자연종 인간과 둔 바둑을 이겼다. 로봇종 인간의 의식론 서설〉, 《과학철학》 20, 3, 2017, 1~30쪽.

천현득, 〈포스트휴먼 시대의 인간 본성〉, 《철학》 126, 2016, 157~183쪽.

_____, 〈인공 반려의 유혹: 인공물과의 교감을 생각한다〉, 《과학철학》 22, 2, 2019, 27~52쪽.

박성원 외, 《트랜스휴머니즘 부상에 따른 과학기술 정책이슈의 탐색》, 한국과학기술정책연구원, 2016.

이진우 엮음, 《포스트모더니즘의 철학적 이해》, 서광사, 1993.

홍성욱, 《크로스 사이언스》, 21세기북스, 2019.

_____, 《포스트휴먼 오디세이》, 휴머니스트, 2019.

한국포스트휴먼연구소, 한국포스트휴먼학회, 《제4차 산업혁명과 새로운 사회윤리》, 아카넷, 2017.

Ⅲ. 생물학의 역사, 철학, 사회 연구

퍼트넘 외, 《유전자혁명과 생명윤리》, 김기윤 · 이성규 · 강광일 · 박형욱 · 박희주 · 김호연 · 정혜경, 옮김, 아침이슬, 2004.

윌슨, 《통섭: 지식의 대통합》, 최재천 · 장대익 옮김, 사이언스북스, 2005.

하워드 L. 케이, 《현대생물학의 사회적 의미》, 김기윤 · 박희주 · 이성규 · 조은희 · 이정희 · 김재영 · 김호연 · 나정민 · 정세권 옮김, 뿌리와이파리, 2008.

김동광 · 김세균, 《사회생물학 대논쟁》, 최재천 엮음, 이음, 2011.

이병훈, 《유전자 전쟁의 현대사 산책》, 사이언스북스, 2015

김환석 편저, 《생명정치의 사회과학》, 알렙, 2014.,

최종덕, 《비판적 생명철학》, 당대, 2016.

김동광, 《생명의 사회사》, 궁리, 2017.

다윈, 《종의 기원》, 장대익 옮김, 사이언스북스, 2019.

전방욱, 《크리스퍼 베이비》, 이상북스, 2019.

김호연, 《유전의 정치학, 우생학》, 단비, 2020.

송상용, 〈평화 위해 싸우는 화학자: 폴링이 걸어온 길〉, 《대학신문》, 1963. 10. 28.

_____, 〈Darwinism과 목적론〉, 서울대학교 철학과 석사학위 논문, 1966.

_____, 〈L'Homme machine 의 분석〉, 《교양과정부논문집》(서울대학교), 자
연과학편 제4집, 1972, 37~58쪽.

권영대 · 이길상 · 이민재 · 정창희 · 송상용, 《우주, 물질, 생명: 자연과 인간,
그 본질의 탐구》, 전파과학사, 1973.

송상용, 〈사하로프가 걸어 온 길〉, 《대학신문》 949, 1973. 12. 21.

_____, 〈과학기술과 현대사회: 과학자의 사회적 책임〉, 《이대학보》, 1974.
12. 6.

_____, 〈사회적 과학사의 도전〉, 《서울평론》 48, 1974, 22~28쪽: 《한국과학
사학회지》 42, 3, 2021, 612~623쪽.

_____, 《과학사 중심 교양과학》, 우성문화사, 1980.

_____, 〈과학과 사회에 관한 해외 연구의 배경과 현황〉, 유네스코 한국위원
회, 1981, 53~83쪽: 《과학기술학》 44, 2021, 185~204쪽.

_____, 〈반과학의 기원과 전개〉, 《도와 인간과학》(소암 이동식 선생 화갑기
념논문집), 삼일당, 1981, 385~394쪽.

_____, 〈성장의 한계〉, 《현대사회와 철학》, 문학과지성사, 1981, 292~303쪽.

_____, 〈과학과 윤리〉, 《현대한국의 사회윤리》, 아산사회복지재단, 1990,
292~301쪽.

_____, 〈반과학, 과학주의, 과학기술운동〉, 《한림학보》 67호, 1990. 6. 28.

_____, 〈휴머니즘과 환경위기〉, 한민족철학자대회, 1991: 《인문학연구》 제6
집, 한림대 인문학연구소, 1999, 211~224쪽.

_____, 〈환경위기의 뿌리〉, 《철학과 현실》, 1991년 여름, 28~35쪽.

_____, 《서양과학의 흐름》, 강원대학교 출판부, 1990.

송상용 · 박성래 · 김영식, 《자연과학개론 - 과학사》, 한국방송통신대학 출판
부, 1960(1991).

송상용, 〈환경운동의 철학적 기반〉, 《인하대학신문》, 1993. 11. 30.

_____, 〈인간게놈계획 - 사회윤리적 의미〉('인간게놈 파헤치기'), 《동아사이
언스》, 2000, 91~92쪽.

_____, 〈생명공학을 어떻게 볼까?〉,《함께 사는 길》1권, 2000, 39~41쪽.

_____, 〈과학기술, 축복인가 재앙인가?〉"《부싯돌》, 2000년 겨울.

_____, 〈생명공학의 도전과 윤리적 대응〉,《제14회 한국철학자대회보》, 한국철학회, 2001, 3~14쪽.

_____, 〈역사 속의 생명윤리〉,《생명과학에 대한 다원적 접근》, 토지문화재단, 2001, 78~91쪽.

_____, 〈과학기술의 도전과 윤리적 대응〉(공저), 한국학술진흥재단. 2001~2003.

_____, 〈과학기술인 헌장 제정에 관한 연구〉(공저), 과학기술부, 2002.

_____, 〈우리나라 환경교육의 오늘과 내일〉,《한강연구》, 한림대학교, 2002, 69~79쪽.

_____, 〈생명공학법, 더 이상 미룰 순 없다〉,《동아일보》, 2002. 7. 3.

_____, 〈생태위기와 자연관 – 화이트 2세 명제를 중심으로〉,《인문학연구》(한양대학교) 33, 2003, 169~179쪽.

_____, 〈인간배아 줄기세포 연구의 윤리〉,《생명연구》, 서강대학교 생명문화연구소, 2004, 115~131쪽.

_____, 〈누가 대한민국을 야만국으로 만들었나?〉,《프레시안》, 2005. 12. 24.

_____, 〈노무현과 황우석〉,《중앙일보》, 2006. 1. 1.

_____, 〈예방원칙·전문가주의·동물권〉,《한겨레》, 2008. 5. 28.

_____, 〈한국과학철학회 약사, 1995–2010〉,《과학철학》13, 2, 2010, 1~12쪽.

_____, 〈한국생명윤리학회 약사, 1998–2010〉,《생명윤리》, 11, 2, 2010, 1~8쪽.

_____, 〈논리·역사·사회 – 과학철학의 변모〉,《과학철학. 흐름과 쟁점, 그리고 확장》, 창비, 2011, 479~507쪽.

_____, 〈생명에 관한 몇 가지 문제들〉, 강원대학교 인문과학연구소 엮음,《치료를 논하다》, 산책, 2011, 121~138쪽.

_____, 〈스리마일섬·체르노빌·후쿠시마〉,《한겨레》, 2011. 3. 18.

_____, 〈동강, 새만금, 대운하, 유기농 마을〉,《강과 사람》창간호, 2011, 115~120쪽.

_____, 〈인터뷰〉,《유네스코뉴스》778, 2021, 10~13쪽.

Song Sang-yong, "Haeckel's Monistic Philosophy of Nature,"《철학연구》 11, 1976, 193~209쪽.

_____, "Philosophy of Science in Korea, 1950-1995," M. L. Dalla Chiara et al. eds., *Structures and Norms in Science*, 1997, pp. 481-485.

_____, "Bioethics and Religion in Korea," *Global Bioethics from Asian Perspectives* (N. Takase ed.), University Research Center, Nihon University, 1999, pp. 33-41.

Song, Koo, Macer, (eds.), *Asian Bioethics in the 21st Century*, Christchurch, N. Z.: Eubios Ethics Institute.

Song Sang-yong, "The Rise and Fall of Embryonic Stem Cell Research in Korea," *Asian Biotechnology and Development Review* 9, 1, 2006, pp. 65-73.

_____, "The Hwang Woo-Suk Scandal Hasn't Ended," Invited paper presented at the session "After Hwang" of the Conference "Atlas of Ideas: Mapping the New Geography of Science," London: 〈생명윤리〉 8, 2, 2007, 1~10쪽.

_____, "Beyond Scientism: Coming of the Ethics of Science," Invited lecture at Europäisches Patentamt, München, 27 April 2007: *The Korean Journal for the History of Science* 35, 2, 2013, pp. 389-398.

_____, "From HPS to STS: Looking Back Over My Past Sixty Years," *East Asian Science, Technology and Society: An International Journal* 11, 4, 2017, pp. 589-601.

宋相庸, "從HPS到STS－60年學術生涯回顧", 中国, 科學文化評論, 14, 1, 2017, pp. 60-73.

Song Sang-yong, "The Creation Science Movement in Korea: A Perspective from the History and Philosophy of Science," *International Journal of Korean History* 23, 2, 2018, pp. 13-37.

캘빈, 〈화학적 진화와 생명의 기원〉, 송상용 옮김,《문리대학보》7, 1, 1958, 48~57쪽.

말러, 〈방사성 낙진과 인류의 진보〉, 송상용 옮김,《현대인강좌》3(학문과 예술), 박우사, 1962, 115~130쪽.

서스킨드, 《인간에게 기술은 무엇인가》, 송상용 · 박순철 옮김, 과학과인간사, 1979.

카머너, 《원은 닫혀야 한다》, 송상용 · 양희선 옮김, 전파과학사, 1980.

송상용, 〈생명과학기술 및 생명윤리 연구의 현황과 한국의 대응방안 연구〉(공저), 과학기술부, 1997

_____, 〈인간게놈계획: 사회 · 윤리적 의미〉, 한국생명공학원, 2001. 3. 20.

_____, 〈자유에서 책임으로 – 떠오르는 과학기술윤리〉, 한국과학기술한림원 한림원탁토론회, 2005.

_____, 〈황우석 사건의 철학적 · 사회적 분석〉, 세계한국학대회, 2006.

_____, 〈다윈과 철학, 종교, 사회과학〉, 경북대 인문학 콜로키엄. 2009. 5. 6.

_____, 〈철학자들이 본 다윈, 다윈 진화론과 인간-과학-철학〉, 다윈 탄생 200주년기념 연합학술대회, 2009. 7. 2

_____, 〈인문학자 다윈〉, 한국연구재단 인문강좌 특강. 2009. 11.

_____, 〈68혁명 이후의 과학 비판〉, 한양대학교 특강, 2019. 5. 16.

Song Sang-yong, "STS in Korea. A Country Report," East Asian Conference on STS, Beijing, 2000.

_____, "The First Consensus Conference in Korea on GMOs," East Asian STS Network Symposium, Kobe, 2002. 1. 12.

_____, "Growth vs. Regulation : Bioethical Issues in South Korea," International Symposium on Philosophical Model-Building for the Peace and Co-Development in Northeast Asia, Vladivostok, 2003.

_____, "Lessons from the Unit 731: A Korean Perspective," Beijing International Conference on Bioethics, 2004.

_____, "Bacteriological Warfare in Recent History," International Conference on Bioethics, Gijon, 2005.

_____, "Unit 731 in the Context of Dual Asia," 8th World Conference of Bioethics, Beijing, 2006.

_____, "Human Rights, Science and Ethics," COMEST Ordinary Session, COMEST, 2006.

_____, "Reflections on the UNESCO Recommendation of 1974," Background Paper for the UNESCO Consultation Meetings, 2006.

_____, "The Collapse of Research Ethics in Korea," 3rd International Conference on Clinical Bioethics, Okayama, 2006.

_____, "Who's Afraid of Ethics? – The Stifling Situation in Korea," Tokyo Institute of Technology, 2007.

_____, "Making a Code of Ethics for Scientists and Engineers: The Case of Korea," Kanazawa Institute of Technology, 2007.

_____, "COMEST's Dream for the Code of Ethics for Scientists," Biosecurity Workshop, Singapore, 2007.

_____, "Who's Afraid of Ethics? : Ethics of Science and Technology in Korea," World Conference of Philosophy, Seoul, 2008.

_____, "An Historian of Science Looks at the War and Medicine in East Asia," International Symposium "War and Medicine in East Asia, 1937~1953," Seoul National University Hospital, 2010. 10. 1.

_____, "A Philosopher Looks at Climate Change," FEB RAS – AASSA Regional Workshop on Impacts and Mitigation of Climate Change in Asia and Oceania, Vladivostok, 2012.

_____, "Needham in Dongbei and Pyongyang," Beijing Forum, Peking University, 2019.

놀이 인문학 서설

로봇이 일하고 사람은 노는 세계

정대현

이 글은 정대현, 〈놀이 인문학 서설: 로봇이 일하고 사람은 노는 세계〉, 《탈경계인문학》, 28집(13-2), 2020, 7~35쪽을 수정, 보완한 것이다.

인간 역사는 21세기에 4차 산업시대'로 진입하고 있다. 인간 역사에서 유목시대가 농경사회로, 문자 발명이 활자문화시대로, 기계산업사회가 정보사회로 바뀔 때마다 인간의 자기 이해는 큰 변혁을 겪었지만, 그 변혁은 언제나 인간 주체적이었다. 그러나 지금 우리가 당면한 제4차 산업의 변혁은 인간 조건을 질적으로 바꿀 수 있다. 인공지능을 탑재한 로봇의 등장은 인간 주체성과 로봇 주체성의 관계가 어떤 것이어야 할지를 묻게 한다.[2] 전통적 인문학이 고전 이해에 중점을 둔 소극적 '이해 인문학'이었다면,[3] 오늘의 이 시점에서 요구되는 인문학은 로봇과 인간의 관계를 새롭게 정립해야 하는 적극적인 '선제적 인문학'이어야 한다고 본다. 이러한 인문학은 인간과 로봇의 관계를 "로봇은 일하고 사람은 노는 세계"의 그림을 통해 제시하고자 한다. 이를 통해 로봇은 인간의 지배자가 아니라 조력자로 남을 수 있을 것이다.

로봇이 일하는 세계

로봇 지능: 로봇은 놀 수 없다

이 글은 "로봇은 일할 수 있는 기능은 갖지만 놀 수 있는 지능은

---

1 Schwab, Klaus, *The Fourth Industrial Revolution*, Penguin, 2016.

2 이중원 외, 《인공지능의 윤리학》, 한울아카데미, 2019.

3 정대현 외, 《표현인문학》, 생각하는 나무, 2000.

갖지 못한다"는 문장이 시사하는 기능과 지능을 구분하고자 한다. 인공지능에서의 약한 지능과 강한 지능의 구분을 "기능"과 "지능"의 구분으로 대치하고자 하는 것이다. 이 구분은 존 설John Searle[4]의 논의에 기반한 것으로, 지각이나 계산 같은 행위는 기능적이지만 믿음, 이해 같은 행위는 지능적이라는 가설에 근거한 것이다. 지각은 유기체의 신경조직들을 기능적으로 지역화할 수 있어서 부호화가 가능하지만, 믿음은 유기체의 두뇌 상태를 지능적으로 지역화할 수 없기 때문에 부호화가 불가능하다. 지각들은 경우마다 서로 분리될 수 있지만 믿음들은 분리될 수 없는데, 그 까닭은 이들이 총체적으로 엮여 있기 때문이다. 이러한 현상은 통사적syntactic인 것과 의미적semantic인 것의 차이이기도 하다.

로봇은 인간보다 일을 더 잘할 수 있지만 놀 수는 없다고 생각한다. 로봇은 왜 놀 수 없는가? 나는 빨간 장미를 즐기지만 로봇은 빨간 장미를 즐길 수 없다. 나는 놀이를 즐기지만 로봇은 놀이를 즐길 수 없다. "나와 로봇은 빨간 장미를 보고 빨간 경험에 대한 감각정보를 동일하게 심리설명적心理說明的 · psychological 기능으로 처리하지만, 나의 감질현상적感質現象的 · phenomenal 의식의 즐김이 로봇에게서는 발생하지 않는다."[5] 왜 그러한가? 내가 빨간 장

4 Searle, John, "Minds, Brains, and Programs", *THE MIND'S I*, eds., D.R. Hofstadter and D.C. Dennett, New York: Basic Books, 1981, pp. 353~372.

5 Chalmers, David J., *The Conscious Mind: In Search of a Fundamental Theory*, New York: Oxford University Press, 1996; 정대현, 〈시간과 인문학〉, 《기호학 연구》 9, 한국기호학회, 2001, 78~107쪽.

미를 즐긴다는 것은 내가 축적해 온 모든 경험의 관점에서 그 장미 경험을 통합적이고 융합적으로 종합하고 고양적인 국면을 누리는 것이다. 나의 즐김은 내가 겪어 온 모든 경험을 일인칭적으로 통합하고 나의 관점으로부터 구조화하는, 나의 감질현상적 경험이다.[6]

로봇에게는 '즐김의 전제 조건인 의식의 속성들이 결여'되어 있다. 로봇이 빨간 장미를 즐기도록 하기 위한 필요조건은 "의식을 기호화하여 이를 장착하는 것"이다.[7] 이를 위해 로봇은 인간지능론의 '의식의 3요소, 즉 일인칭적 통합성, 관점적 구조성, 신체적 감질현상성의 조건을 만족'[8]시키는 장치를 가져야 한다. 그러나 로봇에게 그러한 의식을 장착할 수 없다는 가설이 그렇게 할 수 있다는 가설보다 그럴듯하다. 인간에게 있어 각기 다른 사람들을 대면할 때 반가움의 정도는 과거 경험의 질, 양, 종류 때문에 관점 구조적으로 그때마다 각기 달라진다. 내가 송곳에 찔렸을 때의 아픈 감각, 내 아들이 취직했을 때의 기쁜 정서처럼, 내가 빨간 장미를 즐길 때의 통합적인 경험 의식 역시 모두 신체적이고 감질현상적이다. "로봇은 이러한 감질현상적 의식을 경험할 수 없을

---

6 윤보석, 《컴퓨터와 마음 - 물리 세계에서의 마음의 위상》, 아카넷, 2009; 천현득, 〈인공 반려의 유혹: 인공물과의 교감을 생각한다〉, 《과학철학》 22-2, 2019, 27~52쪽.

7 정대현, 〈알파고: 나는 자연종 인간과 둔 바둑을 이겼다 - 로봇종 인간의 의식론 서설〉, 한국과학철학회 《과학철학》 20-3, 2017, 1~30쪽.

8 갤러거S. Gallagher · 자하비D. Zahavi, 《현상학적 마음》, 박인성 옮김, 도서출판 b, 2013; Van Gulick, Robert, "Consciousness", *The Stanford Encyclopedia of Philosophy*, Edward N. Zalta (ed.), 2017. https://plato.stanford.edu/archives/sum2018/entries/consciousness/ (Accessed on March 1, 2020).

것"[9]이라는 가설이 개연적이다. 현재로는 '감질현상적 의식을 기호화할 수 있는 방식이 원천적으로 보이지 않'[10]기 때문이다.

로봇이 인간과 달리 감질현상적 의식이 불가능하다는 것은 외연적 진리의 원자적 계산성과 내포적 진리의 총체적 의미성을 구분함으로써 옹호될 수 있다. 로봇은 통사적syntactic 기계임에 반하여 인간은 의미적semantic 인격체이기 때문이다. 달리 말해, 로봇이 "나"라는 단어를 사용하기 위해서는 적어도 두 가지 조건을 만족해야 한다. 첫째, 로봇은 앞에서 언급한 의식의 3요소 조건을 만족해야 하고, 그렇지 않으면 언어공동체의 일원이 될 수 없다. "나"라는 단어는 주로 다른 사람과의 관계 속에서만 사용되고 그 관계는 다른 사람의 믿음과 나의 믿음의 관계이기 때문이다. 이러한 믿음 현상은 의식의 3요소를 전제한다. 예를 들어, 김 씨와 이 씨는 "대한민국의 2020년대 최대 과제"를 '통일'이라고 볼 것인가 '공존'이라 택할 것인가에서 의견이 다르다고 하자. 두 사람의 이러한 믿음은 각자 살아온 인생 경험으로부터 형성된 일인칭적 통합성, 관점적 구조성, 감질현상성에 수반한 것이다. 두 사람의 대화에 로봇이 참여하기 위해선 로봇도 의식의 3요소가 요구

9 Shear, J., "The Hard Problem: Closing the Empirical Gap", in Shear, J. (ed.) *Explaining Consciousness: The Hard Problem*, MIT Press, pp. 359~375; Chalmers, David J., "The Hard Problem: Facing Up to the Problem of Consciousness"; "Response: Moving Toward on the Problem of Consciousness", in Shear, J. (ed.), *Explaining Consciousness: The Hard Problem*, MIT Press, 1997, pp. 9~30, pp. 379~422.

10 Kim, Jaegwon, "Taking the Agent's Point of View Seriously in Action Explanation", in his *Essays in the Metaphysics of Mind*, Oxford University, 2010, pp. 125~147.

하는 조건으로서 자신만의 믿음을 구성해야 한다.

둘째, 로봇은 "나"라는 표현의 문법을 따라야 한다. "나"라는 단어의 일차적 사용 조건은 화자의 '자신 지시성'이다. 이것은 "나"가 색인사라는 것을 나타낸다. 그러나 화자의 그 색인사 사용의 발화를 청자가 들을 때 청자는 그의 이해를 "화자의 자신 지시성"이 표시하는 화자의 물리적 · 생리적 신체만으로 한정하지 않는다.[11] 화자의 발화에 포함되는 "나"라는 색인사는 '화자의 자신 지시성'은 물론 이것이 함축하는 화자의 '자기' 관념과 '자아' 관념을 포함한다. "의식은 지향적이고 그 지향성은 자기와 자아로 구성되어 있기 때문이다. 화자의 '자신(self$_1$)'은 화자의 좁은 내용인 심성작용의 체내적 체험처이고, '자기(self$_2$)'는 넓은 내용인 사회적 · 체외적 심성내용의 체험처이고, '자아(ego)'는 자신과 자기에 한정되지 않는, 가능한 모든 언어 경험의 중심처로 이해"[12]할 수 있을 것이다. 화자의 인격이나 개성은 자신만으로 주어지지 않고 자기와 자아의 현실성과 가능적 확장성으로 드러날 것이다. 인공지능 발전의 현 단계에선 로봇이 이러한 두 가지 조건을 만족한다는 것을 지지하기 어렵다고 생각한다.[13]

---

11   김선희, 《자아와 행위: 관계적 자아의 자율성》, 철학과현실사, 1996; 갤러거 · 자하비, 《현상학적 마음》.

12   정대현, 〈알파고: 나는 자연종 인간과 둔 바둑을 이겼다 - 로봇종 인간의 의식론 서설〉, 15쪽.

13   "나"라는 단어를 로봇이 사용할 수 없다는 근거를 "지향성" 개념으로 논의할 필요가 있다는 지적이 있을 수 있다. 타당한 지적이다. 이를 위해 다음의 자료를 참고할 수 있을 것이다. 정대현, 〈지향성과 생활양식의 중첩성 - 엄정식 & 김영건 교수의 반론을 읽고〉, 《철학연구》 제77호, 2007, 43~53쪽; 정대현, 〈성(誠)의 지향성: 이원적

로봇 기능: 로봇은 일할 수 있다

인공 생명이 이미 출력[14]되었다면, 로봇 기능의 확장을 밝게 전망할 수 있다. 로봇에게 의미론, 비단조 논리,[15] 잠재의식 유사 구조[16]를 장착할 수 있기 때문이다. 로봇은 데이터에 의존하는 개념역할 의미론에 강할 수밖에 없다. 기호의 의미는 그 기호가 속한 표상 체계 안에서 어떻게 기능하는가에 따라 결정되는데, 로봇은 그 체계 안의 다른 기호들과 개념적으로 연관된 정보에 접근이 더 용이하다. 더 나아가 "어떤 지칭이론이 참인가는 지칭표현들이 우리의 사고구조에서 어떻게 기능하는가의 사실"[17]에 의존한다. 사고구조에서 지칭표현의 기능은 개념역할의 모습이고, 지칭적 표현의 개념역할이 어떤 지칭이론이 참인가를 결정한다. 달리 말해, 개념역할 요소가 지칭 요소의 성격을 결정하기 때문에 개념적 요소가 지칭 요소보다 일차적인 것이다. 그리고 이러한 "개념적 요소는 지향적 현상을 유지"[18]하고 표상체 계산적이어서 모든 유형의 개념 구조에서 적합성의 정도를 다양하게 가질 수 있다. 따라

지향성에서 음양적 지향성에로),《철학논집》, 서강대학교 철학연구소 제9집, 2005, 73~88쪽; 정대현, 〈지향성과 체계와 반성〉,《세계와 인간 그리고 의식 지향성》, 한국현상학회편, 1992, 301~315쪽.

14 Smith, Hamilton O. et al, "Generating a synthetic genome by whole genome assembly: assembly: phi X174 bacteriophage from synthetic oligonucleotides", *Proceedings of the National Academy of Sciences* 100·26, 2003, pp. 15440~15445.

15 여영서, 〈베이즈주의 사전확률과 과학적 새반영〉,《철학과 현실》 88, 2007, 147~171쪽.

16 갤러거 & 자하비,《현상학적 마음》.

17 정대현, 〈특이점 인문학〉,《철학》 131, 2017, 189~216쪽.

18 Thomason, Richmond H., "A model theory for propositional attitudes." *Linguistics and Philosophy* 4, 1980, pp. 47~70.

서 개념역할 의미론은 로봇에게 유리한 것이다.

또한 로봇에는 그 계산성 때문에 단조적 고전논리는 물론 "상식적 이성의 구조를 밝힐 수 있는 비단조 논리를 장착"[19]시킬 수 있다. 단조 논리는 "만일 P ⊢ R이면 그러면 P&Q ⊢ R이다"라는 형식의 단조적 추리를 요구하지만, 비단조 논리는 "P ⊢ R이라 할지라도 P&Q ⊢¬R이다"[20]라는 형식의 비단조적 추리를 허용한다. '길이 젖어 비가 왔나 보다'라는 생각이 들지만, '지붕이 말라 있는 것을 보고 비가 온 것이 아니라 거리 청소를 한 것이다'라고 추리하는 것이다. 비단조 논리에서의 "P ⊢ R"은 통사적 수반이 아니라 P라는 불완전한 정보에 기초하면서도 P의 전형성typicality에 기초한 확률적 추정이고, "P&Q ⊢ R"은 현실에서의 잘못을 번복하고 교정하면서 인지 세계를 확충하는 추리인 것이다.[21] 비단조 논리는 무시간적 개념 공간에서나 기대할 수 있는 진리보존적 논리가 아니라, 현실의 변화무쌍한 공간에서의 시간적 논리다. 비단조 논리의 "Q"는 그 결론 "¬R"에 이르게 하는 일상적 공간에서 얻어지는 전제(들)이다. 그러므로 좀 더 합리적이고 정당한 상식적 결론에 이르기 위해서는 "Q"가 보다 풍부하고 다양하며 총체적인 자료데이터베이스라야 한다. 빅데이터는 클수록 좋고 로봇은 어떤 사람보

---

19 이영의, 《베이즈주의: 합리성으로부터 객관성으로의 여정》, 한국문화사, 2015; 천현
    득, 〈과학은 베이즈주의 추론 기계인가? – 베이즈주의의 여정에 대한 물음〉, 《과학철
    학》 19-3, 2016, 87~107쪽.
20 정대현, 〈특이점 인문학〉.
21 정대현, 〈특이점 인문학〉.

다 빅데이터 접근성을 가지고 있기 때문에 더 유리한 것이다.

"로봇의 표준적 인공신경망은 입력층, 은닉층隱匿層 · hidden layer, 출력층의 3층으로 구분되고, 생명체 신경망처럼 정보의 입력이나 흐름을 통해 정보들을 일반화하면서 신경망 자체가 변하고 학습이 이루어지는 신경망이다." 은닉층은 입·출력처럼 눈에 띄지는 않지만 "다단계 인공신경망을 장착하여 심층화된 것"이다.[22] 예를 들어, "알파고에 장착된 정책policy 신경망은 바둑 한 점마다에 가능한 모든 수 중에서 불필요한 수들을 걸러 내어 남은 수들에 집중하게 돕는 망이고, 가치value 신경망은 남아 있는 수들에서 이길 수 있는 확률을 찾는 망"[23]이다. 이러한 인공신경망의 논리는 형식논리가 아니라 상식논리를 따른다. 알파고는 상식논리의 추리 형식 "P⊢R이라 할지라도 P&Q⊬R이다"에서 "Q"의 모든 가능한 수들을 확인하지는 않지만, 더 발전된 로봇은 그렇게 할 수 있을 것이고, 빅데이터의 접근성으로 더 뛰어난 수행성을 갖출 것이다. 예를 들어, "빅데이터는 '참인 진술은 또한 참인 것으로 알려진다' 와 그 역인 '현재 참인 것으로 알려지지 않은 진리는 거짓이다'라는 폐쇄-세계 가정the closed world assumption을 사용할 수도 있고, '지식의 부재는 거짓을 함축하지 않는다'라는 개방-세계 가정the open world assumption을 이용할 수도 있다."[24] 전자는 국민투표 같은 완성

---

22 장대익, 〈인문학의 미래, 신경인문학의 도전〉, 홍성욱 · 장대익 엮음,《뇌과학, 경계를 넘다》, 바다출판사, 2012, 332~336쪽.

23 정대현, 〈알파고: 나는 자연종 인간과 둔 바둑을 이겼다 – 로봇종 인간의 의식론 서설〉.

24 홍성욱 · 장대익 엮음,《뇌과학, 경계를 넘다》.

된 질서에서 사용되고, 후자는 학습에서와 같이 개방된 질서에서 이용된다.

로봇은 이미 기억 같은 기능에서 인간보다 뛰어난 능력을 보이고 있다. 만일 어떤 로봇이 모든 기능에서 인간보다 뛰어난 능력을 갖는다면 이를 "특이점 로봇"이라 할 수 있다. "특이점singularity"이란 우주에서 시간이 도입된 최초의 시점을 지칭하는 것이지만, 다른 분야에서도 질적 임계점을 나타내는 것으로 사용될 수 있다. 이처럼 기능적 임계점을 넘어선 로봇은 그렇게 불릴 수 있을 것이다. 그리고 만일 로봇이 기능뿐 아니라 지능에서도 인간보다 뛰어난 능력을 갖는다면 그것 또한 그렇게 호칭될 것이다. 전자를 '베타'라 하고 후자를 '알파'라 할 것이다. 중요한 것은 인간 진화의 단계에서 인간보다 뛰어난 능력자를 인간 사회에서 인정해야 하는 개념적 상황에 있는 것이다. 인간 자신의 진화를 재앙이 아니라 축복으로 유지할 수 있는 구조는 인간의 미래를 스스로 선제적으로 제어할 수 있는 비전을 갖는 것이다.

로봇 노동: 인간윤리

로봇이 일하는 세계에선 로봇의 일에 대해 평가를 해야 한다. 그러나 로봇의 행위를 평가하기 위해선 로봇의 인격을 전제해야 하지 않는가? 우리는 이를 위해 앞에서 구분한 기능과 지능의 차이에 따라 기능적 인격과 지능적 인격을 달리 해석하여 행위의 윤리성을 부각할 수 있을 것이다. 지능적 인격은 사회적 종으로서의 인간이 갖는 인격이다. 자신의 행위에 대해 인정과 무시, 칭찬과 비판, 상과 벌을 받을 수 있는 책임 주체적 인격체인 것이다. 그러나 기능적 인격은 자동차 제작 선반대에서의 한 노동자가 참여하여 제작된 자동차에 대해 갖는 관계에서 드러난다. 노동자는 자동차 기능과의 관계에서 부분적으로 평가를 받는 책임을 갖는다. 책임의 성격은 두 가지 종류의 인격체에 따라 구별할 필요가 있다. 지능적 인격의 책임은 원초적이고, 기능적 인격의 책임은 파생적인 것이다. 기능적 인격체는 그 행위에 대해 원초적 책임이 아니라 파생적 책임을 져야 하지만, 동시에 또한 그 행위의 원초적 책임을 져야 하는 지능적 인격체가 누구인지 그 소재를 명시할 필요를 나타낸다.

유럽연합EU 의회가 로봇에게 "전자인간"이란 법적 지위를 부여한 결정[25]은 로봇의 기능적 인격의 윤리성을 공식적으로 인정한 선언이다. 로봇에게 책임을 물을 수 있는 법적 근거를 제시한 것이다. 로봇이 인간에게 도움이 되지 못하고 해를 입히는 비상 상황에서 로봇 활동을 즉각 멈출 수 있는 "킬 스위치kill switch"를 탑재[26]할 수도 있는 법적인 공간을 마련한 것이다. "엔진"이라는 표현은 다양한 물적 상태들에 의해 다수적으로 실현된다는 점에서 특정 기계적 물체가 아니라 열에너지를 동력적 에너지로 바꾸는 기능을 지칭하지만, 운전자를 손상하는 기능을 나타내는 경우엔

---

25 류현정 외, 〈EU, AI 로봇에' 전자인간' 지위 부여〉,《조선일보》2017년 1월 16일자.
26 고인석, 〈인공지능시대의 인간: 나는 무엇인가?〉, 철학연구회,《학술발표논문집》, 2017. 4, 67~76쪽.

그 엔진을 실현하는 기계적 물체를 파괴해야 하는 것과 같다. 문제는 로봇들이 언젠가는 이렇게 강제로 부착된 "킬 스위치"에 대해 항의할 수도 있다는 점이다. 그러나 인간은 로봇 윤리[27]로 "킬 스위치" 장치를 정당화하고, 강제해야 할 것이다.

전자인간, 로봇 인간에게 그러한 "킬 스위치"를 강제할 수 있기 위해선 자연종 인간의 종우월주의나 특정한 편견만으로는 설득력을 갖지 못한다. 이를 위해서는 좀 더 온전한 인문적 성찰이 선행되어야 한다. 로봇의 부당성만이 아니라 로봇 사용자의 탐욕이나 부당성은 없는지, 로봇 제작자의 이윤 절대주의나 인간 조건의 무시는 없는지를 살펴보아야 한다. 로봇 인간이 자연종 인간 세계에 온전히 진입하기 위해선 좀 더 포괄적인 인문적 성찰이 요구된다. 우리는 이러한 시대적 조건에 대한 인문적 처방을 해야 한다. 이러한 과제를 "선제적 인문학"이라는 이름으로 총칭할 수 있을 것이다. "인문학"이 현재의 인간 조건에서 더 자유로운 가능한 세계의 꿈이라면, 선제적 인문학은 구체적으로 로봇의 가능성에 대한 인간의 꿈을 구체화하고 조직화하는 지성적 노력이다.

선제적 인문학의 과제 중 하나는 로봇 윤리학의 구성이다. 그 과제는 로봇 인간을 윤리적 존재로 만드는 것이다. 그리고 이것은 로봇 인간에게 인간 언어를 장착시키는 데서 시작될 수 있다. 인간 언어는 동서고금을 막론하고 차이도 있지만 공통적인 윤리

---

27 신상규, 《호모 사피엔스의 미래 – 포스트휴먼과 트랜스휴머니즘》, 아카넷, 2014; 고인석, 〈인공지능시대의 인간: 나는 무엇인가?〉.

질서를 포함하고 있다. 인간의 존엄성, 폭력에 대한 분노, 이웃에 대한 배려, 구체적으로 약자 돌봄, 이웃 사랑, 측은지심, 치유, 서로 주체성 등을 함축한다. 이러한 것은 '없어도 되지만 있으면 좋은 부사적 가치'가 아니라 '인간이라면 준수하여야 하는 본질적 가치'이다. 이러한 기준에 어긋나는 자는 "사람답지 않다", "사람이 아니다"라는 일상언어적 평가를 받는다. 로봇들은 언어를 사용하게 마련이고 그 언어는 로봇들이 구성하는 것이 아니라 인간들이 인간 역사를 관통하여 구성해 낸 윤리 언어이어야 하는 것이다.[28]

사람은 노는 세계

인간 지성사의 인문적 꿈: 자유

사람들은 사회제도의 선한 의도나 목적에도 불구하고 흔히 지루함이나 답답함, 부자유나 억압성을 경험한다. 그래서 '더 나은 인간 가능성의 확장'을 꿈꾼다. 이러한 꿈을 일반화시켜 "인문적 꿈"이라고 부를 수 있다. 인문적 꿈은 인문학뿐만 아니라 사회과학과 자연과학에서도 공유된다.[29] 인문적 꿈은 개인적 차원뿐 아니

28 정대현, 〈특이점 인문학〉.

29 장회익, 〈자연과학이란 무엇인가〉, 김용준 · 정운찬 외, 《학문의 길》, 아카넷, 2005, 51~63쪽; 김광억, 〈사회과학이란 무엇인가〉, 김용준 · 정운찬 외, 《학문의 길》, 아카넷, 2005, 37~50쪽; 정대현, 〈인문학이란 무엇인가〉, 김용준 · 정운찬 외, 《학문의

라 제도적 차원을 망라한다. 꿈의 최대화는 현실에서 불가능해 보였기 때문에 전통적으로 천당, 열반, 유토피아, 파라다이스, 무릉도원 같은 '피안적 세계'에서 추구되기도 했지만, 이젠 이 '현실 세계'에서의 구현이 구체화되고 있다. 로봇이 일하고 사람은 노는 세계는 그러한 꿈의 세계에 근접할 것이기 때문이다.

자유를 논의하기 위해 벌린Isaiah Berlin[30]의 자유론에서 출발하고자 한다. 벌린은 부정적 자유freedom from를 결핍 같은 인간 생존의 부정적 상태로부터의 탈출적 자유로 이해하고, 긍정적 자유freedom to를 인간이 소망하는 상태를 위한 행위의 성취적 자유로 이해하여 양자를 구분하였다. 그러나 벌린은 두 자유를 대립시키지 않고 개인주의 · 경험주의 · 다원주의를 수용하는 체계 안에서 조화시켜, 집합주의 · 전체주의 · 일원론의 합리주의적 패러다임에 맞서고자 한다. 그러나 우리는 여기에 만족하지 않고 "인문적 자유"의 차원에서 접근하고자 한다. 벌린에게 물어야 하는 질문은 자유는 자연 상태의 어떤 개별적 항목들처럼 주어진 자연 질서의 일부인가라는 것이다. 부정적 자유와 긍정적 자유는 블록 놀이에서처럼 맞추어지도록 짜여져 있는가 하는 물음이다. 벌린의 자유는 인문적 자유로 확장될 필요가 있다. 어떤 자유도 정치적이고 어떤 정치도 총체적으로 언어적이라는 명제를 수용할 수 있다면, 인문적

길》, 아카넷, 2005, 25~36쪽.

30 Berlin, Isaiah, "Two Concepts of Liberty", *Four Essays on Liberty*, London: Oxford University Press, 1969.

자유의 가설은 개연성을 갖는다. "정치"를 '권력정당들이 더 나은 사회 구성 언어를 가지고자 경쟁한다'는 명제로 이해한다면 그렇다. 벌린의 부정적 자유나 긍정적 자유가 모두 그러한 언어적 경험의 구조를 전제한 것이라고 생각한다. 이를 일반화하면, 자유란 현재의 질서에 대한 더 나은 가능성의 질서를 향한 꿈의 지향이라 할 것이다. 현실의 질서와 가능성의 질서는 모두 언어적 질서이다. 시인의 자유는 이러한 경우의 한 사례가 될 것이다.

인문적 자유는 미래 인문학이 추구해야 하는 초점적 사안이다. 동아시아의 군자 인문학은 뜻 있는 사람이 사서삼경을 공부하여 사표로 추구되는 군자의 길을 가는 방식에 초점이 모아진다. 고대 그리스는 덕성을 지향하는 파이데이아paideia 교육을 통해 온전한 자유시민 양성을 목표로 하였다. 르네상스 인문학은 중세 종교적 권위주의에 맞서 역사적 감각으로, 인간 대 인간으로 소통하는 수사학을 포함하는 시민교육으로 나타났다. 현대적 인문학은 데카르트와 칸트의 영향으로, 인간은 이성을 사용하는 자율적인 존재라고 보며 개인의 자유로운 사유를 존중한다. 이러한 전통적 인문학의 자유론은 그 시대마다 요청된 기여를 하였지만 지금과 같은 4차 산업혁명 시대의 자유론으로는 충분하지 않다. 칸트의 자유론에 한정해서도 그 자유는 특정한 계급의 지성인에 한정되는 자유론임을 지적할 수 있다. 끼니를 굶는 많은 사람은 "이것을 도덕적 규칙이 되도록 의도할 수 있어야 한다"라는 칸트의 요구를 만족하기 어렵기 때문이다. 그러나 4차 산업혁명이 온전하게 이루어진다면 그러한 계급의 위계가 필요 없으므로, 모든 사람이 노는 사회에서의 인문적 자유는 더 활성화될 수 있을 것이다.

놀이의 인문성 지형도

로봇은 일하고 사람은 노는 세계에서, 사람이 꿈꾸어 온 자유는 벌린의 부정적 자유나 긍정적 자유의 성취만으로 만족할 수 없다. 그 꿈이 인문적 꿈이기를 바라는 것이다. 그 인문적 꿈은 무엇인가? 놀이 세계에서 놀이 경험의 인문적 꿈을 구체화, 세밀화해 보자. 놀이 경험의 구체성은 놀이의 지형도를 조감함으로써 얻을 수 있다. 이러한 지형도는 놀이 경험을 최대화시킬 수 있을 것이다. 이 글에서는 읽기와 쓰기, 영화, 여행, 자연, 그리고 일상적인 놀이뿐만 아니라 "잡기雜技"라고 일컬어졌던 백희百戲를 포함하여, 놀이라는 우산 속에서 특정한 지형도를 구성해 보고자 한다. 그 다음 무용, 운동, 음악을 살펴볼 것이다. 이러한 항목들은 모두 언어적이고 그 언어적 구조의 지향은 인문적이므로 인문적 경험의 공간을 부여한다고 믿는다.

읽기와 쓰기가 놀이의 일종이라는 가설을 제안한다. 이 가설은 두 가지로 지지된다. 첫째, 만일 "인간은 생각하는 존재"라고 한다면, 그리고 생각이 흥미 있기 위해서 생각은 새롭고 일관되고 체계적이어야 하며 구체적인 초점에 맞추어져 공유할 수 있다면, 생각 자체가 재미가 되는 것이다. 둘째, 많은 사람들이 읽기와 쓰기를 억제된 노동 또는 부담의 활동으로 인식하고 있는 것이 현실이다. 그런데 읽기와 쓰기는 전통적으로 지배계급의 특권으로 간주되었다. 상류층 사람들이 읽기와 쓰기가 경제적으로 비싼 활동이었음에도 불구하고 이를 추구했던 까닭은, 이것이 더 나은 인간 가능성의 확장이었기 때문이다. 그리고 르네상스 시기에 이 활동은 사람이 되는 첩경으로 인식되었다. 인간의 생각, 행동, 말이 '읽기'를 통해 개발되고 '쓰기'를 통해 심화된다고 믿었던 것이다.[31] 인간 가능성의 확장만큼 재미있는 것이 또 있을까? 글은 문학, 사학, 철학, 예술, 언어, 종교, 사회과학, 자연과학의 필연적 요소가 된다.

영화 보는 것이 놀이라는 것은 자명하다. 이제 영화 만들기도 놀이가 되어 가고 있다. 글을 읽고 쓰는 것처럼. 그러나 영화가 글보다 인간의 삶에 더욱 친근한 것은 영화의 시간성 때문일 것이다. 글은 실재와 재현의 구분이 전 같지 않게 아직 유지되지만, 영화는 그렇지 않다. 여기서는 편의상 "영상"을 컴퓨팅이나 뉴미디어 매체 전체를 지칭하는 용어로 사용하려 한다. 영상은 백남준의 비디오아트가 보인 것처럼, 시간을 뉴턴 식의 절대성이나 아인슈타인 식의 상대성으로가 아니라 인간의 컴퓨팅을 통한 가소성으로 경험하게 한다. 오늘의 시간이 우선적이지만 오늘은 더 이상 과거에서처럼 어제나 내일과 단절적으로 구분되지 않을 수 있다. 영상의 시간 가소성은 영상의 생산자와 소비자의 전통적 구분을 약화한다. 카카오톡이나 페이스북을 통해 영상의 소비자는 동시에 영상의 생산자가 된다. 영상의 생산과 소비가 병존적일 수 있는 것은 컴퓨팅의 속도와 기술의 증대로 과거에 필요로

---

31 강영안, 〈근대지식의 이념과 인문학〉, 《철학》 57, 1998, 95~127쪽.

했던 자본, 컴퓨팅의 프로그래머, 기술, 실력, 미학의 전문적 지식이 일반화[32]되었기 때문이다. 곧, 누구나 유튜버가 될 수 있는 시대가 되었다. 영상 또는 영화는 이제 인간의 자기 표현 매체이면서 표현의 놀이, 놀이의 표현에서 중요한 요소가 되었다.[33]

여행은 일상적이지 않은 공간을 잠시 방문 또는 지나는 행위이다. 일을 위한 것도 있지만 휴식이나 여가를 위한 것도 있다. 이러한 경우 여가는 글 놀이처럼 놀이가 된다. 여행 놀이를 개념적으로 구조화해 보자. 첫째, 여행은 박지원의 《열하일기》, 하멜Hendrik Hamel의 《하멜 표류기》에서 기록된 공간여행; 헤세Hermann Hesse의 《인도 여행》, 베네딕트Ruth Benedict의 《국화와 칼》처럼 현지를 가지 않고도 경험하는 시간여행; 에드워드 사이드Edward Said의 《오리엔탈리즘》, 월터 미뇰로Walter Mignolo의 《라틴아메리카-만들어진 대륙》에서 토로된 주변부 사람으로 살아가는 경계인의 관점을 기록한 개념여행 등으로 나눌 수 있다. 둘째, 여행은 친숙한 고향에서 낯선 이방으로의 이동이다. 이러한 이동은 불편을 수반하지만 현실성에서 가능성으로 확장적 모험을 제공한다. 여행은 지루함이나 억압으로부터의 탈출이어서 새로운 자유의 계기를 마련하여, 종교적인 거룩한 경지에까지 이를 수 있는 것이다. "여행광"이 될 수 있는 까닭이다.

---

32 마노비치L. Manovich, 《뉴미디어의 언어》, 서정신 옮김, 생각의나무, 2004.

33 정대현 · 서정신 · 김혜숙, 〈인문학으로서의 영상문화학〉, 《이미지는 어떻게 살고 있는가》, 생각의 나무, 1999, 97~114쪽.

바둑, 윷놀이가 돋보이는 백희百戲에는 '인형극, 검무, 폭죽놀이, 사자무, 처용무, 판소리, 장기, 딱지, 인형극, 검무, 판소리' 등의 목록이 포함된다.[34] '게임'도 주목할 만하다. '축구, 야구, 농구' 등은 백희보다는 "운동"의 범주에서 따로 취급하고자 한다. 백희는 거의 모두 특정한 규칙을 따르는 놀이이다. 그런 의미에서 백희는 일상적 삶의 세계로부터 독립해 있는 공간을 이루어 놀이의 자율성을 유지한다. 백희의 어떠한 강자도 백희를 구성하는 규칙을 어기면 그 공간에서 퇴출된다. 놀이꾼은 백희의 규칙 안에서 서로 경쟁하거나 특정한 공간의 흐름을 즐기는 자유에 이른다. 백희를 노는 이들은 현실과 다른 가능세계에 진입하거나 몰입하여 선택한 세계가 가능하게 한 자유를 체험한다. 모든 백희는 이러한 자유로의 통로이다.

자연은 동아시아인에게 친숙한 범주이다. 노장적 전통에 익숙하기 때문일 것이다. 물질을 주재하되 물질에 의하여 주재되지 않는(物物而不物於物), 천지의 바른 이치를 타고서 하늘을 나는 것 같은 소요유逍遙遊를 할 수 있어야 한다.[35] 그리고 이러한 노장적 이상은 환경미학적 관점으로 접근 가능하다.[36] 박이문[37]은 이

---

34 김익두, 《한국 민족 공연학》, 지식산업사, 2013.

35 이강수, 《노장사상과 더불어 현대 사회에서 살아가기》, 세창출판사, 2013.

36 최순옥, 〈자연에 관한 미적 접근〉, 인천대학교 《인문학연구》 9, 2006, 293~311쪽; 김문환, 《미학자가 그려보는 인문도시》, 지식산업사, 2011.

37 Park, Ynhui, "The Self-Deconstructive Process of Art as a Form of Reconstruction of the World", pp. 249~259; "The Transformation of the World into Artwork: A Philosophical Foundation of Environmental Aesthetics", pp. 263~277, in Park,

러한 환경미학을 자연의 형이상학으로까지 끌어올린다. 그는 이 시대 생태문제의 기원을 객관과 주관, 언어와 표상, 의미와 실재라는 데카르트적 이분법에서 보았다. 그리고 그 이분법을 극복하는 길이 예술 이외에는 없으니, 생태 세계를 예술작품으로 보자고 제안한다. 그는 예술사에서 그 까닭의 한 가지 단초를 얻는다. 역사적으로 예술작품들의 주제는 이데아, 종교, 일상적인 대상이 될 때도 있었고 빛, 색깔, 느낌이 될 때도 있었으며 비디오, 소리, 영상, 상품, 일상적 대상, 박스 광고 같은 다른 매체언어가 사용되기도 하였다. 이러한 예술사의 해체 과정은 세계 자체가 예술작품으로 통전統全화될 수 있음을 보여 준다. 다른 하나의 단초는 개인 예술가가 잡다한 사태들을 단일한 유기적 단위로 변형하여 그 모든 요소들을 조화시켜 전체로 만들어 해방적 의미를 갖게 되는 데서 본다. 그렇게 잡다한 생태계가 단일한 전체로 재구성되고, 세계가 자연이면서 동시에 문화일 때 이분법이 극복된다는 것이다. 인간 모두는 작가이면서 스스로 작품이 된다. 모든 인간이 모두를 작품화함으로써 온전한 자유에 이를 수 있는 것이다.

노는 세계의 과제

미래 세계는 "사람은 노는 세계"라지만 그러한 놀이 세계에선 재미만 있고 문제는 없는가? 대부분의 놀이는 경쟁적이지 않은가?

Ynhui, *The Crisis of Civilization and Asian Response*, Seoul National University Press, 2012B.

놀이 인문학 서설 |

놀이의 결과는 승자와 패자의 구분으로 특징지어지지 않는가? 승자의 수월성이 찬양될 때 패자의 느낌은 어떤 것일까? 갈수록 빈부격차가 심해지는 것처럼 놀이에서도 승패의 인정 격차는 더해지는 것이 아닐까? 그래서 우리는《1등만 기억하는 더러운 세상!》이라는 책[38]에 주목한다. 이 책은 "직장 다니고 월급 받아 생활하는, 정상적이고 보편적인 방법으로는 1등·1등급이 될 가능성이 없는 우리 사회를 '로또 외에 방법이 없는 동물의 왕국'"이라고 규정한다. 또한 "1등에서 10등까지 엘리트들이 우리를 부당하게 지배하려고 할 때 그것과 싸우는 대다수의 편에 서야 하는" 사람들의 운명에 대해 말한다. 그리고 1등만 기억하는 더러운 세상의 가장 큰 피해자라고 할 우리의 아이들에 대해 이야기한다. 흑인의 부모가 자신보다도 자기 자녀들의 미래를 걱정하는 것처럼 말이다.

경기에서의 승자/패자의 개념 구조는 달리 그려져야 할 것이다. 미국의 대통령제와 국회제도의 승자독식 구조는 올림픽 경기에서 은메달이나 동메달도 없는 구조이다. 승자독식 구조에서의 패자는 자신이 추구했던 인격의 완성에 다가가는 것이 아니라 인격 손상이나 말살을 체험하는 고통을 겪는다. 그러나 모든 경기에서 승자독식 구조를 폐기하고 모든 경기자들이 참여의 의미와 대동성을 체험할 수 있는 장치를 도입하면, 고통은 사라지고 그 자리에 슬픔이 들어설 것이다. 이때의 슬픔은 자신이 추구했던

---

38 노회찬·공지영 외,《1등만 기억하는 더러운 세상》, 한겨레출판사, 2010.

경기의 수월성을 추구하는 자아와 도달하지 못한 자아의 괴리에서 나타난다. 사람다움의 온전성을 그리워하고 추구하였으면서도 이루지 못한 온전성에 대한 아쉬움의 슬픔인 것이다.

이러한 슬픔을 갖는 사람일수록 중요한 차원의 실존적 존재가 된다. "슬픔은 모든 사람이 어떤 사람에 대해서도 가질 수 있는 인간 연대성의 정서로서, 사람의 온전성을 향한 지향성을 내용으로 갖는다."[39] 사랑이 질적인 경우 모든 사람을 사랑할 수 있어야 하는 것처럼, 그리고 부당한 폭력을 당하는 어떤 사람에 대해서도 그 폭력자에 대한 분노를 함께 경험할 수 있는 것처럼, 세상의 어떤 사람의 어려움에 대해서도 정도에 따라 슬픔을 느낄 수 있는 것이다. 슬픔은 사랑과 분노처럼 그 사람의 온전성을 향한 지향이라고 믿는다.

놀이 경쟁에서 비롯되는 이러한 온전성의 그리움으로서의 슬픔을 고려해 보면, 놀이 슬픔은 결국 놀이 재미의 진면목을 보여준다. 재미란 무엇이기에 그러한가? "재미" 또는 그 유관어인 "즐김"의 개념 분석을 통해 명료화해 보자. "재미"는 "x씨는 재미있다"와 "y씨는 재미없다"의 유관 반대어의 일상적 사용의 경우들을 관찰하여 다음과 같은 일반화에 이를 수 있다. "재미"는 '이해가 되면서 지루하지 않다; 같이 있고 싶다; 닮고 싶다; 흥미 있다; 배울 것이 있다; 소개하고 싶다; 실재의 대상으로 떠오른다.' 비슷하게 "즐김"에 대해서도 접근할 수 있을 것이다. "나는 자서전 읽기

---

39 정대현, 〈슬픔: 또 하나의 실존적 범주〉,《철학》100, 한국철학회, 2009, 47~73쪽.

를 즐긴다"와 "나는 비문 읽기를 즐기지 않는다"와 같은 문장들의 일상적 사용의 경우들은 다음과 같은 일반화에 이르게 한다. '이해가 되면서 시간 가는 줄 모른다; 지속되기를 바란다; 영원의 부분처럼 느낀다; 공유하고 싶다.' 그렇다면 내가 놀이를 통해 얻는 재미나 즐김은 나의 온전성에 다가가는 경험이다. 놀이에서 나타나는 온전성의 그리움으로서의 슬픔과 온전성에 다가가는 재미는 동일한 온전성을 향한 놀이의 진면목일 것이다. 놀이의 참여적 의미는 대동의 재미인 것이다.

놀이의 형이상학

자유와 대동: 재미와 놀이

놀이철학은 철학사를 관통하여 나타나고 있다.[40] 편의상 이를 두 전통으로 대별해 보면, 놀이의 현상에 대한 성찰의 전통과, 놀이의 존재론적 추구의 전통으로 나눌 수 있다. 놀이의 현상에 주목한 철학자들을 먼저 열거하자. 아리스토텔레스Aristoteles는 자유인의 행복은 여가를 즐기는 것에서 오고, 탁월성에 따르는 활동들 중 지혜 활동, 철학함이 가장 즐거운 것이라고 한다. 칸트Immanuel Kant 는 놀이를 인간의 여러 활동 중에서 취미, 즉 미적 행위로 간주한

---

40 정낙림,《놀이하는 인간의 철학: 호모 루덴스를 위한 철학사》, 책세상, 2017.

다. 하위징하Johan Huizinga[41]는 인간을 호모 사피엔스가 아니라 호모 루덴스로 이해하여, 칸트적 무관심성으로 이성주의의 일상보다는 낭만주의 시대정신을 따라 놀이의 자율성을 강조하였다. 비트겐 슈타인Ludwig Wittgenstein은 놀이들에 공통성이나 본질이 있는 것이 아니라 가족유사적이라 하여, 언어를 놀이라고 규정한다. 놀이 모습이 인간 삶에서 얼마나 포괄적, 지배적, 총체적인지를 시사한다.

놀이의 존재론적 의미를 추구한 철학자들도 나열할 수 있다.[42] "헤라클라이토스Heraclitus는 삶의 시간이 장기돌을 모았다 흩트렸다 하며 노는 아이pais paizon의 시간 같아서, 생성의 세계가 로고스가 아니라 혼돈과 우연과 생성이 지배하는 놀이 세계"[43]라고 한다. 니체F. W. Nietzsche는 의식 이성보다 몸의 도취를 우선하여 진리 인식보다 놀이를 1차적 범주로 선택한다. 도취는 결과나 주체의 경험이 아니라 힘의 상승감이고 고양이며 순간에 대한 절대적 긍정, 자기 자신을 조형하는 생명행위로 나타난다. 하이데거Martin Heidegger에게 놀이는 주체 몰입적인 유희가 아니라 예술에서와 같이 자신을 넘어서는 도약이고 초월이다. 그래서 존재 이해는 존재의 말 건넴에 응답하는 말함이고, '정적의 울림', 시 짓기詩作가

41 하위징하J. Huizinga,《호모 루덴스: 놀이와 문화에 관한 연구》, 金潤洙 옮김, 까치, 2005.

42 이주향, 〈운명애, 자기에 이르는 생명의 춤〉,《니체연구》제36집, 한국니체학회, 2019, 85~103쪽; 정은해, 〈하이데거와 가다머의 놀이개념〉,《인문논총》57, 서울대학교, 2007; 김재현, 〈하이데거 예술론 연구 - 시론과 그 적용〉,《인문논총》15, 경남대 인문과학연구소, 2002, 5~22쪽.

43 정낙림, 〈놀이하는 아이와 비극적-디오니소스적 인간 - 차라투스트라의 세 가지 변화에 관한 연구〉,《철학연구》111, 대한철학회, 2009, 289~312쪽.

된다. 가다머H-G Gadamer는 예술과 놀이를 동일시하여 그 이해의 상호보완성을 구조화하는 것으로 보인다. 놀이와 이해는 주객 이 분법을 넘는 공통 구조를 유지함으로써, 놀이와 예술은 타자들과 이야기하는, 상호동의적 사건이 되고 작품의 의미 세계를 구성하여, 절대적 현재가 전개된다.

놀이의 현상론과 존재론의 두 접근 방식을 자의적으로 구분하였지만 양자는 노장적 관점에서 융합될 수 있을 것으로 보인다.[44] 노장은 "무위자연에 따라 일을 하면 다스려지지 않는 일이 없을 것이다(爲無爲 則無不治)", "무위하나 그에 의하여 되지 않는 것이 없다(無爲而無不爲)"[45]라고 하여 어떤 것에도 의존하지 않고 노닐 수 있는(無爲 逍遙) 자유를 추구한다. "유동적 전체성"으로서의 세계에서 노닐 때, 그러한 세계에 자신을 맡기고 세계는 오히려 마음의 소유가 되고, 천인합일의 경지에 이르는 것이다. 노장철학은 그동안 현실을 간과하거나 무시한 숲속의 철학으로 간주되었지만, 놀이 개념에 천착하게 될 때 놀이의 궁극적 경지의 내용을 나타내는 것이 아닐까? 서양에서는 예술 개념을 놀이로 파악하려는 노력이 최근에 시도되었지만, 노장 전통은 오랫동안 인간을 무위 소요의 존재로 인식하여 삶을 우주적 노닒의 놀이로 파악한 것이다.

놀이 형이상학을 노장적으로 종합할 수 있다면, 그 종합의 정확

---

44 이강수,《노자와 장자: 무위와 소요의 철학》, 도서출판 길, 2005; 최진석, 〈놀이와 여가, 그 비밀스럽고 찰나적인 접촉〉,《철학과 현실》, 2017, 183~200쪽.

45 이강수,《노자와 장자: 무위와 소요의 철학》.

한 개념적 구조는 무엇일까? 노장적 무위 소요의 천인합일의 놀이적 대동론은 어떻게 지지될 수 있을 것인가? 이 논변은 자유 개념의 원자성과 연대성이 한 동전의 양면임을 통해 구성될 수 있을 것이다. 우리는 제3세계에서 들려오는 인권 탄압 뉴스를 접할 때 안타까움이나 분노를 경험한다. 인권 탄압은 개인의 자유를 박탈하는 행위이기 때문이다. 한 개인의 자유가 침해될 때 다른 개인들은 그 부당성을 '순간적으로' 체험하고 여기에 '즉각적으로' 항의하는 마음을 갖는다. 강한 국가의 방자함이나 그 가능성에 대처하기 위해 주변 국가들은 "동맹"을 맺는다. 그리고 동맹은 "한 국가에 대한 공격은 회원국의 모든 국가에 대한 공격이다"라는 동맹의 목표 가치를 선언한다. 이러한 동맹 가치의 행태는 인권 탄압에서 야기되는 분노를 설명한다. "한 개인의 자유에 대한 공격은 다른 모든 인간의 자유에 대한 공격이다"라고 생각하는 것이다. 동맹국의 연대성이 현실적 합의의 연대성이라면, 인간들의 연대는 선험적으로 장착된 본래적 연대성이다. 이러한 인간 연대의 선험성은 자유의 개인성과 자유의 연대성을 함께 일치화하는 개념을 허용한다. 인간은 대동인 것이다. 인간은 노는 세계에서 무위 소요의 대동성을 경험한다.

예술로서의 놀이

놀이가 예술일 수 있는 개념적 구조는 상세하게 논의[46]되어야 하

---

46 김정현, 〈니체와 현대예술의 탄생〉, 《니체연구》 제11집, 한국니체학회, 2007.

지만, 이 글에서는 퍼포먼스 요소를 고려하고자 한다.[47] 퍼포먼스 개념은 연주자와 예술작품을 분리하는 것이 아니라 연주자의 몸이 그 작품의 내용을 이루면서 자기 자신을 조형하는 현재성을 살리는 개념이다. 예술가는 퍼포먼스에서 작품 세계를 만들면서 작품 세계의 부분이 되고 그 자신이 작품이 되는 것이다. 예술가는 퍼포먼스에서 작품과 하나가 된다. 이러한 예술의 퍼포먼스 개념은 놀이의 세계에서도 구현된다. 운동놀이에서 놀이는 노는 이의 퍼포먼스와 독립하여 존재하지 않는다. 하나의 놀이 세계는 다른 놀이 세계와 구분되면서 규칙 매뉴얼이나 감독의 관념이 아니라, 놀이꾼들의 퍼포먼스의 체계 안에 존재하는 것이다. 퍼포먼스에서 그들은 서로 연결되고 그 놀이 세계와 하나가 된다.

　예술작품은 하나의 가능세계이다. 박이문[48]은 예술작품이 진위眞僞의 단언적 양상에 관련된 것이 아니라, 현실 세계에 대해 새로운 가능성을 제안하는 개연적 양상이라고 한다. 예술작품 하나하나가 각기 독립된 가능세계를 제시하는 것이다. 어느 예술작품도 서로 비교될 수 없는 것은 각기 진정한 자기 세계의 선언이기 때문이다. 예술가는 하나의 작품을 창작할 때 현실 세계가 아니라 새로운 가능세계를 표상한다. 예술가의 작품 행위는 현실 세계 순응적이기도 하지만 그 새로움은 다분히 저항적이다. 이러한

47　정낙림, 〈놀이와 형이상학 – 니체, 하이데거, 핑크의 놀이 사유〉, 《니체연구》 제29집, 한국니체학회, 2016, 7~47쪽.

48　박이문, 〈양상론적 예술의 정의〉, 《예술철학》, 문학과지성사, 2011.

양상적 작품 개념은 우리의 '수인 놀이 역설'을 해소한다. "노예의 선택이 진정한 선택이 아닌 것처럼 수인의 놀이는 진정한 재미의 놀이가 아니지 않는가?"라는 역설이다. 그러나 양상적 예술작품 개념은 수인이 놀이를 할 때 감옥의 억압적 공간으로부터 가능한 자유의 공간으로 입장하는 것이다. 여기에서 수인은 놀이의 문법을 따르면서도 놀이의 주체가 되고 놀이의 주인이 되고 놀이와 하나가 되어 놀이 세계와의 합일을 체험하여, 자유가 어떠한 것인가를 경험한다.

예술작품에서 퍼포먼스와 유일한 가능세계라는 일반적 특징을 볼 수 있었다면, 구체적으로, 무용[49]은 그러한 특징들을 드러내 준다. 예를 들어, 마사 그레이엄Martha Graham[50]의 〈밤의 여로Night Journey〉는 모든 무용작품이 그러하듯 독특한 유일한 가능세계를 퍼포먼스로 구성하였다. 소포클레스Sophocles의 〈오이디푸스 왕〉은 오이디푸스를 비극의 주인공으로 설정했지만, 그레이엄은 다른 비극 개념을 보이기 위해, 오이디푸스의 모친인 요카스타를 비극의 주인공으로 전환한다. 오이디푸스의 비극은 라이우스 왕 살해자 색출 과정에서 그 왕의 아들인 자신이 살해자라는, 인식의 우연적 은폐성에서 발생한다. 그러나 요카스타의 비극은 모자결혼을 야기한 인식의 한계만이 아니라 인간 선택의 필연적 불운성에

---

49   김말복,《무용의 이해》, 예전사, 1999.

50   Graham, Martha, "Night Journey", Martha Graham Dance on Film, Disc One, The Criterion Collection 406, 2007.

서 나타난다. 〈밤의 여로〉는 이러한 그레이엄의 유일 가능세계를 춤의 퍼포먼스로 구현한다.

　무용의 예술적 특성은 놀이로서의 운동에서도 구현되는가? 먼저 놀이로서의 운동이란 무엇인가? 사전은 "운동exercise"을 '신체적 건강을 위한 몸의 동작이나 그 체계'로 규정한다. 따라서 사람이 '걷기'나 '달리기'를 할 때는 운동을 하는 것이지만, 로봇이 '걷기'나 '달리기'를 한다고 기술되어도 이를 "운동"이라고 하지 않는다. "운동"의 규정에 못 미치기 때문이다. 그러나 사전의 "운동"에 대한 풀이는 너무 제한적이다. 사람들이 '수영'이나 '줄넘기'를 할 때 또는 축구나 야구를 할 때 반드시 '신체적 건강'을 위한 것이 아닐 수도 있기 때문이다. 건강 지향적 운동도 놀이이지만, 건강 초월적 운동은 놀이의 특성을 더 잘 나타내 준다. 모든 운동은 퍼포먼스될 때 '지금 여기'라는 운동가의 국면을 드러낸다. 지금 여기라는 시간성은 사건을 구성하는 필요충분조건이다. 지금 여기라는 것은 지금 여기의 사태를 이루고, 그러한 사태로서의 사건이다. 사건은 크건 작건, 하나의 체계가 된다. 작은 사건은 큰 사건의 부분으로서, 그에 유기적·인과적으로 연결되지만, 그 자체로도 설명적 대상의 체계 구조인 것이다. 사람이 운동을 할 때 그는 운동의 주체와 운동의 세계가 합일되는 유일 가능세계를 실현하는 것이다.

음악의 형이상학

놀이의 형이상학을 구성하는 것은 지난한 과제이다. 음악의 형이상학을 선도자들의 업적을 통해 접근할 수 있다면, 이를 놀이의 지평에 일반화해 보고자 한다. 음악에 대한 철학적 성찰은 오랜 전통을 가지고 있다. 피타고라스Pythagoras는 음악이 수학적 구조를 가지고 있으며 우주의 언어라고 생각하였고, 쇼펜하우어Arthur Schopenhauer는 경험세계의 근원에 오직 하나의 혼융일체된 세계의지만이 존재하고 음악이 바로 그 형이상학적 의지의 음성이라고 생각하였다.[51] 주커칸들Victor Zuckerkandl[52]은 음악에 대한 형이상학적 구조를 보다 구체적으로 제시한다. 그는 시간의 순간들은 평등하지만 음, 그리고 음악은 물체가 가로막는 시야를 물리적 힘을 통한 법칙적 활동으로 개시한다고 본다. 음악은 청자의 내부로 침투하고 그 질서를 전달하여 참여를 의식하게 만든다. 물리적 현상 중에서 음악만이 우리의 감각을 비물리적인 어떤 것과 마주 보게 하여, 음악이 말하고 뜻하는 것을 만나게 한다는 것이다. 그리하여 볼 수 없는 어떤 것은 볼 수 있는 것보다도 더 신성하여, 진리를 향하게 한다는 것이다.

쇼펜하우어는 예술을 "주관적인 것과 객관적인 것의 대립"으로 상정하지만, 니체[53]는" 대립 그 자체가 미학에서는 도대체 부적합하다"고 주장한다. 주체가 예술가인 한 그는 이미 자신의 개인적

---

51 박찬국, 〈역자 해제〉, 프리드리히 니체, 《비극의 탄생》, 박찬국 옮김, 아카넷, 2007, 297~301쪽.

52 주커칸들V. Zuckerkandl, 《소리와 상징Sound and Symbol》, 서인정 옮김, 예하출판 주식회사, 1992.

53 프리드리히 니체, 《비극의 탄생》.

의지로부터 해방되어 있으며, 진실로 존재하는 주체(세계영혼)가 가상 속에서 자신을 구원하는 것을 자축하는 것을 돕는 매체가 된다는 것이다. 삶과 세계는 미적 현상으로서만 정당화되기 때문이다. 이제 천재적인 음악가는 "주체인 동시에 대상이고, 또 동시에 시인이자 배우이며 관객"이기도 하여, 음악 속에서 디오니소스적 황홀경에 들어 죽음이 극복될 수 있는 것이다.

　니체는 언어질서와 음악질서를 대비하여, 데카르트René Descartes의 실체로서의 공간적 연장보다는 실재로서의 시간적 리듬의 중요성에 주목하였다.[54] 사물들의 공간적 연장의 차이로 구분하기보다는, 리듬의 시간적 흐름을 통한 만물의 융합 가능성의 순간을 중시하는 것이다. 음악은 단순한 소리의 연속이 아니라 질서 있는 구조, 효과의 체계, 자율에 열려 있는 리듬의 운동이다. 움직이는 리듬의 파도는 물리적인 소리와 비물리적인 뜻이나 생각의 결합이 아니라, 청자의 의식에 침투할 때 긍정적인 조건 하에서 의식은 리듬의 운동 방향에로 흐른다. 그래서 음악은 자신을 잊으려 할 때 요구된다. 아기를 잠재울 때, 군중을 흥분시키거나 열광케 할 때, 무희나 종교 신도를 무아 경지에 이르게 할 때 음악은 도움이 된다. 청각 이외의 감각으로 세계를 만나는 경험과 청각을 사용한 음악을 통하여 세계를 만나는 것은 다른 것이다. 음악만이 개별화된 사물들의 근저에 있는 "세계의지를 표현"하고, "형이상학적 의지의 음성"을 들을 수 있게 한다는 것이다.

54　박찬국, 〈역자 해제〉, 프리드리히 니체, 《비극의 탄생》, 301쪽.

음악언어는 어떻게 그러한 "의지"를 표현할 수 있는가? 이러한 물음을 향하여 하나의 가설적 제안을 할 수 있을 것이다. 리듬과 의식의 관계는 지시어와 지시체의 2분적 관계가 아니라 의식에 나타난 리듬 자체가 기표이면서 기의가 된다고 믿는다. 반가운 사람을 만났을 때의 우리의 손짓이 인사의 기표이면서 기의인 것과 같다. 선율의 리듬이 인도하는 대로 우리의 의식은 기쁨, 슬픔, 환희, 비통, 열광, 분노에 이르기도 한다. 음악의 세계는 적절한 조건 하에서 우리의 의식을 그 세계와 일치시키는 것이다. 그러한 융합의 경험은 개념을 통해서가 아니라 우리의 의식이 음악작품이 유지하는 만물 융합의 질서에 합일하는 데서 성취된다. 여기에서 우리는 현실적이고 우연적인 개성의 자기포기를 하여 보다 보편적인 타당성을 향한 질서를 만날 수 있게 된다. 니체[55]가 지적하는 대로, 그러한 경험에서 인간은 근원적 존재 자체가 되어서 그것의 제어하기 어려운 생존욕과 생존의 희열을 체험하고, 디오니소스적인 황홀을 예감할 수 있는 것이다. 그것은 우리가 근원적 일자─로서 존재하기 때문이다. 음악은 인간 구원의 한 형식이 되는 것이다.

앞에서 논의한 음악의 형이상학은 다음의 6명제로 요약할 수 있다: (M1) 음악의 소리는 기표와 기의의 통일체이고; (M2) 시야를 가로막는 물체의 장벽을 넘게 하고; (M3) 소리 가능세계를 외연적으로 내포적으로 무한하게 확장; (M4) 의식에 침투, 리듬

55 프리드리히 니체, 《비극의 탄생》, 206~208쪽.

의 운동 방향에로 이끌고, 형이상학적 의지의 음성을 듣게 한다; (M5) 음악가는 우연적인 개성의 자기를 포기하고, 보편적인 타당성 질서, 세계의지를 만나고; (M6) 주객 대립을 극복, 개인적 의지로부터 해방되어 세계영혼에 참여하여 자신과 청자를 구원한다.

이러한 음악의 형이상학 체계는 놀이 경험 전체로 일반화할 수 있을 것이다. 음악 형이상학의 6명제는 다음과 같은 놀이 형이상학의 6명제로 추상화된다고 상정할 수 있다: (P1) 운동 놀이의 인간 동작은 기표와 기의의 통일체이고; (P2) 사회 조직과 자연 불통의 장벽을 넘게 하고; (P3) 놀이의 가능세계를 외연적으로 내포적으로 무한하게 확장; (P4) 의식에 침투, 놀이의 운동방향에로 이끌고, 그 놀이 체계의 의지의 음성을 듣게 한다; (P5) 운동 놀이꾼은 우연적인 개성의 자기를 포기하고, 놀이 체계의 보편적인 타당성 질서, 그 체계의지를 만나고; (P6) 주객 대립을 극복, 개인적 의지로부터 해방되어, 놀이 세계에 참여하여 자신과 참여자를 구원한다.

맺는말

"로봇이 일하고 사람은 노는 세계"라는 문화적 이미지는 이미 이 시대에 활성화되고 있다고 생각한다. 그리고 그 활성화의 속도는 급진적으로 빨라질 것이다. 로봇의 기능성은 인간의 어떤 기능성보다 뛰어난 특이점에 도달할 것으로 보인다. 로봇은 그 기능성만으로 인간을 지배하기보다 인간의 조력자로 자리매김할 수 있어야 할 것이다. 멕시코의 조상 아스텍Aztec 종족이 신으로 믿었던 백인 코르데스Hernán Cortés 스페인 장군에게 1521년 정복당했던 것처럼, 지구 인류는 도우미로 믿고 개발한 로봇들에게 정복당할 수도 있다. 로봇의 윤리성을 안전하게 장착할 수 있는 선제적 인문학이 요구되는 것이다. 이러한 질서는 로봇이 인간의 언어에 충실할 수 있는 바로 그 구조 때문에 가능해진다. 인간 역사가 서로에 대해 돌봄, 상처 치유, 상호주체성의 덕목을 수행하는 것을 인간 언어의 기본 가치로 설정한 것처럼, 로봇도 인간 언어를 사용하도록 하고 그러한 덕목을 유지하게 하여, "로봇이 일하고 사람은 노는 세계"를 조화롭게 구성할 수 있기를 바란다.

참고문헌

강영안, 〈근대지식의 이념과 인문학〉, 《철학》 57, 1998.

갤러거, 숀 · 자하비, 단, 《현상학적 마음》, 박인성 옮김, 도서출판 b, 2013.

고인석, 〈인공지능시대의 인간: 나는 무엇인가?〉, 철학연구회 《학술발표논문집》, 2017.

김광억, 〈사회과학이란 무엇인가〉, 김용준 · 정운찬 외, 《학문의 길》, 아카넷, 2005.

김말복, 《무용의 이해》, 예전사, 1999.

김문환, 《미학자가 그려보는 인문도시》, 지식산업사, 2011.

김선희, 《자아와 행위: 관계적 자아의 자율성》, 철학과현실사, 1996.

김재현, 〈하이데거 예술론 연구-시론과 그 적용〉, 《인문논총》 15, 경남대 인문과학연구소, 2002.

노회찬 · 공지영 외, 《1등만 기억하는 더러운 세상》, 한겨레출판사, 2010.

니체, 프리드리히 , 《비극의 탄생》, 박찬국 옮김, 아카넷, 2007.

류현정 외, 〈EU, AI 로봇에 '전자인간' 지위 부여〉, 《조선일보》 2017년 1월 16일자.

마노비치, 레프, 《뉴미디어의 언어》, 서정신 옮김, 생각의나무, 2004.

박이문, 〈양상론적 예술의 정의〉, 《예술철학》, 문학과지성사, 2011.

박찬국, 〈역자 해제〉, 프리드리히 니체, 《비극의 탄생》, 박찬국 옮김, 아카넷, 2007.

신상규, 《호모 사피엔스의 미래 – 포스트휴먼과 트랜스휴머니즘》, 아카넷, 2014.

여영서, 〈베이즈주의의 사전확률과 과학적 객관성〉, 《철학탐구》 22, 2007.

윤보석, 《컴퓨터와 마음 – 물리 세계에서의 마음의 위상》, 아카넷, 2009.

이강수, 《노자와 장자: 무위와 소요의 철학》, 도서출판 길, 2005.

_____, 《노장사상과 더불어 현대 사회에서 살아가기》, 세창출판사, 2013.

이영의, 〈인공지능과 딥러닝 시대의 창의성〉, 《지식의 지평》 21, 2016.

이주향, 〈운명애, 자기에 이르는 생명의 춤〉, 《니체연구》 제36집, 한국니체학회, 2019.

이중원 외,《인공지능의 윤리학》, 한울아카데미, 2019.

장대익, 〈인문학의 미래, 신경인문학의 도전〉, 홍성욱 · 장대익 엮음,《뇌과학, 경계를 넘다》, 바다출판사, 2012.

장회익, 〈자연과학이란 무엇인가〉, 김용준 · 정운찬 외,《학문의 길》, 아카넷, 2005.

정낙림, 〈놀이하는 아이와 비극적-디오니소스적 인간 – 차라투스트라의 세 가지 변화에 관한연구〉,《철학연구》111, 대한철학회, 2009.

_____, 〈놀이와 형이상학 – 니체, 하이데거, 핑크의 놀이 사유〉,《니체연구》제29집, 한국니체학회, 2016.

_____,《놀이하는 인간의 철학: 호모 루덴스를 위한 철학사》, 책세상, 2017.

정대현, 〈인문학이란 무엇인가〉, 김용준, 정운찬 외,《학문의 길》, 아카넷, 2005.

_____, 〈슬픔: 또 하나의 실존적 범주〉,《철학》100, 한국철학회, 2009.

_____, 〈알파고: 나는 자연종 인간과 둔 바둑을 이겼다 – 로봇종 인간의 의식론 서설〉,《과학철학》20-3, 한국과학철학회, 2017.

_____, 〈특이점 인문학 – 특이점 로봇은 인간사회의 성원이다〉,《철학》131, 2017.

_____, 〈지향성과 생활양식의 중첩성 – 엄정식 & 김영건 교수의 반론을 읽고〉,《철학연구》제77호, 2007.

_____, 〈誠의 지향성: 이원적 지향성에서 음양적 지향성에로〉,《철학논집》제9집, 서강대학교 철학연구소, 2005.

_____, 〈지향성과 체계와 반성〉,《세계와 인간 그리고 의식 지향성》, 한국현상학회 편, 서광사, 1992.

정대현 · 서정신 · 김혜숙, 〈인문학으로서의 영상문화학〉,《이미지는 어떻게 살고 있는가》, 생각의나무, 1999.

정대현 외,《표현인문학》, 생각하는 나무, 2000.

정은해, 〈하이데거와 가다머의 놀이개념〉,《인문논총》57, 서울대학교, 2007.

주커칸들, 빅토르,《소리와 상징Sound and Symbol》, 서인정 옮김, 예하출판 주식회사, 1992.

천현득, 〈과학은 베이즈주의 추론 기계인가? – 베이즈주의의 여정에 대한 물음〉,《과학철학》19-3, 2016.

_____, 〈인공반려의 유혹: 인공물과의 교감을 생각한다〉, 《과학철학》 22-2, 2019.

최순욱, 〈자연에 관한 미적 접근〉, 《인문학연구》 9, 인천대학교, 2006.

하위징하, 요한 《호모 루덴스: 놀이와 문화에 관한 한 연구》, 金潤洙 옮김, 까치, 2005.

홍성욱 · 장대익 엮음, 《뇌과학, 경계를 넘다》, 바다출판사, 2012.

Benedict, R, *The chrysanthemum and the sword: patterns of Japanese culture*, Tokyo: Tuttle, 1946.

Berlin, I., "Two Concepts of Liberty", *Four Essays on Liberty*, London: Oxford University Press, 1969.

Chalmers, David J., *The Conscious Mind: In Search of a Fundamental Theory*, New York: Oxford University Press, 1996.

_____, "The Hard Problem: Facing Up to the Problem of Consciousness", in Shear, J. (ed.), *Explaining Consciousness: The Hard Problem*, MIT Press, 1997.

_____, "Response: Moving Toward on the Problem of Consciousness", In Shear, J. (ed.), *Explaining Consciousness: The Hard Problem*, MIT Press, 1997.

DeepMind, "AlphaGo vs Lee Sedol (2016)", Google DeepMind Challenge Match 4, 2016. https://www.youtube.com/watch?v=yCALyQRN3hw (Accessed on March 1, 2020)

Graham, Martha, "Night Journey", Martha Graham Dance on Film, Disc One, The Criterion Collection 406, 2007.

Huizinga, J. H., *Homo Ludens: a study of the play-element in culture*, trans. R.F.C. Hull, Routledge, 1980.

Mignolo, W. D., *The idea of Latin America*, Oxford: Blackwell Pub., 2005.

Park, Ynhui, "The Artistic, the Aesthetic and the Function of Art: What is Artwork Supposed to be Appreciated for?", *Reality, Rationality and Value*, Seoul N. University Press, 1998.

_____, "The Self-Deconstructive Process of Art as a Form of Reconstruction of the World", *The Crisis of Civilization and Asian Response*, Seoul N. University Press, 2012.

_____, "The Transformation of the World into Artwork: A Philosophical Foundation of Environmental Aesthetics", *The Crisis of Civilization and Asian Response*, Seoul N. University Press, 2012.

Said, E., *Orientalism*, New York: Vintage Books, 1978.

Schwab, Klaus, *The Fourth Industrial Revolution*, Penguin, 2016.

Searle, John, "Minds, Brains, and Programs", *THE MIND'S I*, eds., D.R. Hofstadter and D. C. Dennett, New York: Basic Books, 1981.

Shear, J., "The Hard Problem: Closing the Empirical Gap", in Shear, J. (ed.) *Explaining Consciousness: The Hard Problem*, MIT Press.

Silver, D. et al, "Mastering the game of Go with deep neural networks and tree search", *Nature* 529, January 28, 2016.

Stanek, Mirek, "Understanding Alphago: How AI beat us in Go game of profound complexity," 2017. https://machinelearnings.co/understanding-alphago-948607845bb1 (Accessed on March 1, 2020)

Smith, Hamilton O. et al, "Generating a synthetic genome by whole genome assembly: phiX174 bacteriophage from synthetic oligonucleotides," *Proceedings of the National Academy of Sciences* 100-26, 2003.

Thomason, Richmond H., "A model theory for propositional attitudes." *Linguistics and Philosophy* 4, 1980.

Van Gulick, Robert, "Consciousness", *The Stanford Encyclopedia of Philosophy*, E. N. Zalta (ed.), 2018. https://plato.stanford.edu/archives/sum2018/entries/consciousness/(Accessed on March 1, 2020)

초연결시대 인간과 세계의
디지털 가상성에 대한 철학적 성찰

김선희

이 글은 김선희, 〈디지털 인류인 포노 사피엔스와 생각하는 인류인 호모 사피엔스 사이 인간성에 대한 니체적 분석: 플라톤의 슈퍼-도펠갱어로서 인공지능의 난점〉, 《니체연구》 제38집, 2020, 199~226쪽을 수정, 보완한 것이다.

초연결시대 디지털 가상화에 대한 철학적 요청

지금 우리 일상은 코로나19로 인하여 불가항력적인 속도로 전방위적 변화의 와중에 있다. 사회적 거리두기의 장기화에서 특히 두드러진 현상은 일상의 디지털화다. 여전히 아날로그 문화가 강세를 보이고 있던 우리 일상이 급속도로 탈-아날로그화되는 동시에 초-디지털화되어 감으로써 초연결된superconnected 사회로 진입하고 있다.[1] 이러한 삶의 초연결 현상을 가능하게 했던 대표적인 인프라는 더 이상 기존 종교나 국가가 아니라 FANG, 즉 페이스북facebook, 아마존amazon, 넷플릭스netflix, 구글google로 대표되는 디지털 기업들에 의해 구축되고 있다.[2]

초연결시대의 급격한 디지털화에 상응하여 기존 인류인 호모 사피엔스Home Sapiens로부터 신인류인 '포노 사피엔스Phono Sapiens'[3]로의 전환이 수반되고 있다. 지혜로운 사람, 호모 사피엔스로부터

---

1 디지털 시대의 초연결성의 일반화에는 물론 예외가 존재한다. 메리 차이고Mary Chayko에 따르면 인터넷, 디지털 및 소셜미디어, 휴대폰 사용을 통한 기술적 연결성을 모든 사람들이 동등하게 이용하거나 경험할 수 있는 것은 아니다. 인터넷 연결성은 사회경제적 지위, 교육적 배경, 인종, 민족성, 젠더gender, 나이, 성적지향성sexual orientation 등과 같은 사회적 요인이 물리적 세계에 나타나는 방식을 반영한다는 것이다. 메리 차이코, 《초연결사회》, 한울아카데미, 2018.

2 최재천·장하준·최재붕 외 4명, 《코로나 사피엔스》, 인플루엔셜, 2020, 84쪽 참조.

3 최재붕, 《포노 사피엔스》, 샘앤파커스, 2019, 8쪽. 이 용어는 2015년 2월에 영국 경제주간지 《이코노미스트The Economist》에서 처음 사용한 용어로서 국내에서는 2019년에 최재붕이 그의 저서 《포노 사피엔스》에서 자신이 사용해 왔던 '스마트 신인류Neo-Smart-Human'를 대신할 용어로 차용하면서 다시 사용한 용어. 이 용어를 논자는 문맥에 따라서 디지털 시대의 디지털 인간이라는 일반적인 의미로 사용할 것이다.

'스마트폰을 신체의 일부처럼 쓰는' 사람, 포노 사피엔스로의 급격한 전환은 철학의 주체나 대상의 전환을 수반한다. 존재론이나 인식론 그리고 윤리학이나 미학 등을 포함하고 있는 철학의 전통적인 탐구 영역은 오프라인Off-Line 세계를 바탕으로 이루어져 있다. 그러나 우리 세계가 이처럼 초고속으로 디지털화되고 있다면, 철학도 온라인On-Line 영역을 다루지 않고서는 세계를 온전히 다룰 수 없게 된다.

이제 우리는 철학의 중심 영역 중 하나인 존재론에 있어서 디지털 시대의 존재 변화, 즉 오프라인 중심에서 온라인 중심으로의 확장 및 전환을 고민해야 한다. 인간이 살고 있는 시간과 공간 속 인간이 접하고 있는 존재는 더 이상 오프라인에만 속하지 않는다. 따라서 기존 존재론의 영역 전환이나 확장을 검토해 봐야 할 것이다. 이러한 현상은 인식론에서도 마찬가지로 적용된다. 인식의 주체도 더 이상 인간의 오감과 지성에 제한되지 않는다. 구글링이나 SNS를 통해 지식을 학습·생산·확산하는 디지털 세대는 자신의 머리와 육체뿐만 아니라 인공지능과의 온라인 연동을 통하여 지식을 획득한다. 따라서 이들에게 인식의 주체는 더 이상 인간 자신의 지성이나 감각에 한정되지 않고 디지털 기기로 확장된 주관적 조건으로 확장·전환되어 가고 있다. 나아가 디지털 시대의 윤리 또한 인간의 행동을 대상으로 하는 기존 윤리학의 경계를 넘어선다. 인공지능 의사, 인공지능 운전자, 인공지능 비서 등에서 나타나듯이 인간의 행위뿐만 아니라 인공지능의 행위가 윤리학의 새로운 문제 영역으로 등장한다.

이처럼 철학은 이제 오프라인 영역에서 온라인 영역, 즉 디지털 영역으로의 전환 또는 확장에 상응하는 연구 패러다임의 전환을 더 이상 미룰 수 없는 시점에 와 있다. 이와 같은 과제를 수행하기 위해 선행되어야 할 작업 중에 하나가 바로 디지털 문화 속 디지털 세대를 형성하는 인간의 정체성에 대한 이해일 것이다. 초-디지털 현상에 대한 담론들 중에 국내 전문가로서 최재붕과 주영민을 들 수 있다. 전자는 《포노 사피엔스》를 통해 디지털 문화의 역기능 이면에 있는 순기능을, 후자는 《가상은 현실이다》[4]를 통해 디지털 문화의 순기능 이면에 있는 역기능을 드러내고 있다. 이러한 점에서 양자는 오늘날 탈-아날로그화와 초-디지털화 현상 속 인간의 디지털화의 양면성을 살펴보는 데 적당할 것이다. 나아가 디지털 인류인 포노 사피엔스가 '신인류'로 규정될 때, 그 이전 인류인 호모 사피엔스의 정체성에 대한 논의가 필요할 것이다. 이를 논자는 유발 하라리Yuval Noah Harari의 《사피엔스》[5]를 통해 논의해 볼 것이다. 이로써 우선 디지털 인류에 대한 최신 담론 속에서 신인류인 포노 사피엔스와 이전 인류라고 할 수 있을 생각하는 인류인 호모 사피엔스의 정체성을 분석해 볼 것이다.

나아가 이를 기반으로 하여 포노 사피엔스와 호모 사피엔스의 관계에 대한 비판적 성찰을 포노 사피엔스를 관통하는 호모 사피

---

4 주영민, 《가상은 현실이다》, 어크로스, 2019.
5 유발 하라리, 《사피엔스: 유인원에서 사이보그까지, 인간 역사의 대담하고 위대한 질문》, 조현욱 옮김, 김영사, 2015.

엔스의 닮은꼴을 중심으로 드러내 볼 것이다. 특히 논자는 포노 사피엔스와 호모 사피엔스의 닮은꼴로 인하여 초래될 수 있는 닮은 부작용을 주목할 것이다. 그리고 닮은 부작용에 상응하는 닮은 원인을 읽어 내기 위하여 니체Friedrich Wilhelm Nietzsche의 사유를 적용해 볼 것이다. 그 이유는 호모 사피엔스, 즉 플라톤Platon으로 대표되는 생각하는 인간에 대한 니체의 비판적 성찰이 호모 사피엔스의 유전자를 지니고 있는 포노 사피엔스에 대한 성찰에 여전히 유효할 것이기 때문이다. 전통 형이상학에 대한 가장 강력하고 근원적인 비판자로서 니체의 사유는 플라톤의 슈퍼-도플갱어라고 할 수 있을 인공지능의 강점에 가려진 난점을 밝히는 데 기여할 것이다. 이를 위해 니체의 《도덕의 계보》의 주요 개념을 적용해 볼 것이다. 디지털 인류인 포노 사피엔스와 생각하는 인류인 호모 사피엔스 사이에 위치한 현 인류는 호모 사피엔스의 정체성에 여전히 고착되어 있는 것도 아니고, 그렇다고 포노 사피엔스의 정체성으로 완전히 전환되어 있는 것도 아니다. 논자는 아직 양자 사이에서 갈등하고 있는 현 인류의 정체성을 성찰함으로써 디지털 인류가 당면할 수 있을 부작용들을 예인해 보고자 한다. 이로써 디지털 인류가 장차 좀 더 건강하고 행복한 삶을 준비하는 데 기여하고자 한다.

---

6 프리드리히 니체, 《도덕의 계보》, 김정현 옮김, 책세상, 2002.

디지털 세계 속 디지털 자아와 가상화 혁명

우리가 기존 문명의 보존에 열을 올리는 사이, 스마트폰 문명의 놀라운 혁신성을 이용해 신문명을 창조한 새로운 종족이 미국 대륙에서 탄생했습니다. 그리고 불과 10년 만에 이 새로운 문명은 전 세계로 확산되며 인류 문명 교체를 현실로 만들고 있습니다. 이 새로운 종족이 바로 '포노 사피엔스Phono-sapiens', 스마트폰을 신체의 일부처럼 사용하는 인류입니다.[7]

최재붕은 지금의 신인류, 즉 포노 사피엔스는 스마트폰을 단순히 도구로 사용하는 인류가 아니라 신체의 일부처럼 사용하는 인류라고 한다. 2019년 3월 《포노 사피엔스》의 초판 시점을 기준으로 볼 때, 전 세계 36억 명의 인구가 스마트폰을 사용하며 포노 사피엔스 문명을 즐기고 있으며, 이로 인해 시장 생태계의 파괴적인 혁신과 더불어 포노 사피엔스 문명의 빠른 확산이 예고되고 있다.[8] 디지털 인류의 탄생을 선언하는 포노 사피엔스 시대가 이미 시작되었기에 우리는 이를 회피하는 대신에 이를 준비해야 함을 역설하는 저자는 1, 2, 3차 산업혁명이 기술 변화를 중심으로 설명된 것에 비해, 4차 산업혁명은 자신의 출발을 더 이상 과학기술이 아닌 시장으로 삼는다고 주장한다. 바로 이 시장 혁명을 주

---

7 최재붕, 《포노 사피엔스》, 6쪽.
8 최재붕, 《포노 사피엔스》, 6~7쪽.

도하는 소비자가 포노 사피엔스라는 새로운 호모족의 출발이라는 것이다.[9] 새로운 인류의 산실이자 터전은 시장이며, 시장은 소비자의 선택에 의해서 주도되는데, 이 소비자의 정체성이 바로 포노 사피엔스다.

따라서 시장이나 경제에 대한 논의는 단지 삶의 광범위한 지평의 부분이 아니라 중심을 이룬다. 즉, 새로운 인류 탄생의 기원으로서 스마트폰의 등장, 포노 사피엔스 시대 시장의 변화, 그리고 비즈니스 전략이나 인재상 등을 논할 때, 우리는 단지 스마트폰 문화의 정체성이 아니라 새로운 시대의 정체성을 논하는 것이다. 그리고 이 스마트폰 시대 인간의 정체성이 바로 스마트폰을 신체의 일부처럼 사용하는 인류, 즉 포노 사피엔스라는 이름으로 대표된다.

과연 포노 사피엔스는 어떤 인류인가? 《이코노미스트》에 실린 '스마트폰의 행성Planet of the phones'이라는 기사에 따르면, '스마트폰 없이 살 수 없는 새로운 인류 문명 시대'의 도래, 즉 시공간의 제약 없이 소통할 수 있고, 정보 전달이 빨라져 정보 격차가 점차 해소되는 등 편리한 생활을 하게 됨에 따라 스마트폰 없이 생활하는 것이 힘들어지는 사람이 늘어나면서 등장한 용어가 포노 사피엔스다.[10] 이러한 포노 사피엔스의 확대와 파급력은 2019년 12월 스마트폰보다 더 빠른 속도로 지구라는 행성을 강타한 코로나19라는 변수에 의하여 초-가속화되고 있다.

---

9 최재붕, 《포노 사피엔스》, 12쪽.

10 최재붕, 《포노 사피엔스》, 25쪽.

인류의 세 번째 밀레니엄에 시작된 가상화 혁명은 우리가 실재에 대해 알고 있던 많은 부분을 바꿔 놓을 것이다. 실재의 세계에 들이닥친 가상의 파도는 실재를 증발시켜 유령처럼 만들고 있다. 그리고 그 빈자리에 견고한 가상의 질서를 세우고 있다. 가상화 혁명은 문명의 풍경을 바꾸며 우리에게 근원적인 질문을 던진다. 그럼에도 이에 대한 철학적 성찰은 찾기 힘들다.[11]

코로나19로 인해 가속화되는, 포노 사피엔스가 구축하고 있는 디지털 세계의 미래를 주영민의 《가상은 현실이다》의 논의와 접목하여 보면, 소위 포노 사피엔스 시대는 이제 '가상화 혁명' 시대다. 이에 대한 철학적 성찰의 부재를 꼬집으며 시작하는 그의 논의 자체는 상당히 철학적이다. 그의 책 제목이 명료하게 시사하듯이 이 디지털 세계는 더 이상 실재가 아니라 가상이 지배하는 세계다. 나아가 가상이 실재를 초월하는 시대에 거주하는 현생 인류는 가상이 실재를 압도하는 '가상화 혁명'을 목격하는 첫 세대임을 고지한다.[12]

가상화 혁명이란 "가상기술을 통해 가상이 실재를 초월하고 궁극적으로 실재를 변형하는 현상"[13]이라고 저자는 밝힌다. 나아가 '실재를 변형시키고 증강시키는 모든 종류의 초실재 기술'을 뜻

---

11 주영민, 《가상은 현실이다》, 15쪽.
12 주영민, 《가상은 현실이다》, 8쪽.
13 주영민, 《가상은 현실이다》, 8쪽.

하는 용어로서 '가상기술'의 위상을 환기시키면서 '현실'은 'SNS'라는 기술에 의해서, '지능'은 '인공지능'이라는 기술에 의해서, '돈'은 '암호화폐'라는 기술에 의해서 가상화됨을 고지한다.[14] 이와 같은 가상기술에 의해 탄생한 가상의 현실, 가상의 지능, 가상의 돈이 실재 위에 덧입혀져 실재가 가상의 질서로 재구축되는 현상이 환기된다. 실재를 빨아들이며 발전하는 가상의 다양한 방식을 저자는 소셜미디어가 인간의 데이터를 흡수하며 성장하고, 인공지능이 인류의 지식을 흡수하며 진화하며, 암호화폐가 실물화폐를 흡수하며 번성하는 현상을 통해 드러낸다.

그런데 진짜 심각한 문제는 오히려 그 이후에, 즉 그렇게 커진 가상이 실재에 더 이상 기생하지 않고 오히려 실재가 가상에 기생하게 될 때 발생한다고 주영민이 경고할 때, 이러한 입장은《포노 사피엔스》의 저자 최재붕의 입장과 상당한 간극을 지닌다. 이러한 입장은 새로운 문명이 포노 사피엔스의 '자발적 선택'에 의해서 만들어지고,[15] 나아가 포노 사피엔스 문명의 가장 큰 특징을 모든 권력이 소비자에게로 이동하는 데서 찾고, 기업의 흥망성쇠도 소비자의 선택에 의해 결정되는 시대임을 고지하는[16] 최재붕의 입장과 상당히 다르다. 주영민에 따르면, 비록 가상을 만들어 낸 것은 인간일지라도, 이러한 가상에는 인간도 어쩔 수 없는 가

---

14 주영민,《가상은 현실이다》, 8쪽 참조.
15 최재붕,《포노 사피엔스》 11쪽.
16 최재붕,《포노 사피엔스》 13쪽.

상 자신의 주체성이 존재한다. 즉, 소셜미디어의 현실 조작, 인공지능의 초월적 능력, 암호화폐의 자생적 확산은 모두 가상이 지닌 주체성의 증거임을 고지한다. 따라서 인간이 새롭게 등장한 생명체를 완전히 복종시킬 수 없고 오히려 인간이 페이스북이나 알파고 그리고 비트코인과 같은 생명체에 종속되어 가는 현실을 저자는 폭로한다.[17]

페이스북이라는 기술은 단지 소통의 도구가 아니라 현실과 겹쳐 있으면서 동시에 현실을 교란하는 가상현실이고, 알파고는 단순한 바둑 알고리즘이 아니라 인간의 지능을 초월하는 지능을 예고하는 가상의 뇌이며, 비트코인은 디지털 화폐에 그치지 않고 돈을 국가의 통제로부터 분리하고 실재의 가치 체계를 무너뜨리는 가상의 돈이라는 것이다.[18] 주영민은 이 초실재 가상기술이 문명을 근본적으로 바꾸어 놓았음을 강조한다. 즉, 미국의 소셜네트워킹 웹사이트인 마이스페이스MySpace가 국가의 여론을 바꾸지는 않은 것에 반해, 페이스북은 인터넷 접속이 가능한 모든 국가와 그곳에 사는 사람들의 심리와 행동에 영향을 미친다. IBM이 개발한 체스 인공지능 프로그램인 딥블루Deep Blue가 스스로 학습하지 못했던 것에 반해, 알파고는 인간을 넘어 스스로 진화하고 있다. 그리고 미국의 간편결제 서비스인 페이팔Pay Pal이 화폐를 창출하지 않은 것에 반해, 비트코인은 새로운 가치 질서를 만들어 낸다

---

17 주영민, 《가상은 현실이다》, 9쪽 참조.
18 주영민, 《가상은 현실이다》, 9쪽 참조.

는 것이다. 과거 유사종이 실재를 모사하고 지탱하는 데 그쳤다면, 가상기술은 실제를 초월하고 위협한다고 저자는 명시한다.[19] 이로써 가상과 실재 사이의 관계의 전복으로서 가상화 혁명의 실체가 폭로된다.

디지털 자아인 포노 사피엔스로서 인간은 더 이상 자발적 선택을 하는 존재도 아니고 권력의 중심에 위치하지도 않는다. 《가상은 현실이다》의 저자는 인간이 거주하는 현실이라는 공간이 더 이상 물리적 실재로만 이루어진 곳이 아니라 오히려 가상의 차원과 혼합된 이중적인 공간으로 변해 가는 이러한 현실을 '합성−현실Synthetic-Reality'이라고 부른다.[20] 우리 포노 사피엔스가 거주하는 세계는 가상과 현실이 점점 혼합되어 감으로써 가상은 현실의 연장이 되고, 다시 현실은 가상의 연장이 되는 곳으로 전환된다.

그리고 합성−현실에서는 인간만이 알고리즘을 설계하는 것이 아니라, 알고리즘 역시 인간을 새롭게 설계한다는 충격적인 분석이 제시된다.[21] 알고리즘을 설계하는 주체로서 인간이 이제 알고리즘에 의해 설계되는 대상으로 전도된다는 것이다. 이로써 인간의 사소한 취향부터 정치적 관점에 이르는 인간의 의식 전반이 추천 알고리즘에 의해서 빚어지고 강화된다. 인간의 다양한 감정은 가상세계가 보내는 푸시 알람과 같은 디지털 신호에 의해 좌

---

19 주영민, 《가상은 현실이다》, 10쪽 참조. 페이스북과 알파고, 비트코인 등과 가상화에 대한 구체적인 논의는 10~13쪽 참조.
20 주영민, 《가상은 현실이다》, 13쪽 참조.
21 주영민, 《가상은 현실이다》, 13쪽 참조.

지우지된다. 가상과 상시 연결 상태를 유지하기 위해 가상은 인간의 심리를 해킹하고 조작해서, 그를 현실로부터 차단시킨다는 것이다. 이처럼 가상세계는 인간의 취약점을 파악하고 그 안으로 인간을 더욱 깊게 빨아들인다[22]는 충격적인 해석이다.

이와 같은 가상기계에 의한 가상세계화는 인간 자신에게도 적용 가능하다. 인공지능, 즉 인간의 지능을 닮은 컴퓨터가 이제 더이상 인간을 닮지 않고 인간을 초월할 때, 인간은 어떻게 변할까? 이제 로봇이 인간을 닮아 가는 대신 인간이 로봇일 닮아 가는 역전이 일어난다고 한다. '봇맨Botman'[23]의 등장이다. 소위 디지털 자아로 이루어진 포노 사피엔스 인류의 봇맨화. 주영민은 봇맨의 특징을 '기계적 단순성, 집단적 사고와 행동, 자동반사적 반응'으로 제시하면서, 이는 소셜미디어 시대 인간에게 두드러지는 패턴이라고 한다. 인간과 구분되지 않는 봇의 행동만큼이나 봇과 구분되지 않는 인간의 행동이 자주 관찰되는데, 이때 봇과 닮은 인간, 즉 봇맨이 등장한다는 것이다.[24] 이 봇맨이 다름 아닌 소셜미디어라는 가상기계가 낳은 봇의 쌍생아[25]라는 사실이 폭로됨으로써, 포노 사피엔스의 정체성이 수반할 수 있는 가장 끔찍한 버전이 인간에게 예고된다.

인간과 봇의 가장 큰 차이, 즉 완전히 패턴화되지 않는 인간 존

---

22 주영민, 《가상은 현실이다》, 13쪽 참조.
23 주영민, 《가상은 현실이다》, 115쪽 참조.
24 주영민, 《가상은 현실이다》, 115쪽 참조.
25 주영민, 《가상은 현실이다》, 116쪽 참조.

재의 고유성인 변칙성은 소셜미디어 시대에는 포기되고 단순화될 것을 강제당한다.[26] 이로써 서로를 빠르게 닮아 가고 있는 가상화 혁명 시대, 즉 인간이 인공지능을 프로그래밍하는 동시에 인공지능도 인간을 새로 프로그래밍하는[27] 시대에 이 양자가 서로 마주친 뒤에 각자는 어떻게 변할까? 주영민은 가상과 현실이 부딪치는 지점에서 태어난 디지털 문화의 다양한 위기들을 면밀히 파악하지 못하는 현실을 꼬집으며, 특히 세 번째 밀레니엄에 시작된 가상화 혁명에 대한 담론이 단지 산업의 언어로 조직됨으로써 초래될 지나친 낙관과 자기확신으로 나아가는 현실이 실상은 기술에 대해 다른 언어로 말하기를 배제하고, 다른 관점을 통한 접근을 차단하는 현상임을 신랄하게 지적한다. 이러한 현상은 기술이 세상에 미치는 막대한 영향력에도 불구하고 그것에 대한 비판적 인식을 매우 어렵게 한다고 주영민은 예리하게 지적한다.[28] 이와 같은 그의 입장은 포노 사피엔스로서 신인류의 암울한 이면을 거침없이 우리에게 직면케 한다.

---

26 주영민, 《가상은 현실이다》, 118~119쪽 참조.

27 주영민, 《가상은 현실이다》, 258쪽 참조.

28 주영민, 《가상은 현실이다》, 15쪽 참조.

가상 실재를 창조하는 호모 사피엔스의 능력

이제 인간은 과학을 통해 자연선택을 지적 설계로 대체하고, 유기체가 아닌 생명을 만들기 시작할지 모른다. 과학은 자연선택으로 빚어진 유기적 생명 시대를 지적 설계에 의해 빚어진 비유기적 생명의 시대로 대체하는 중이다. 특히 오늘날의 과학은 우리에게 스스로의 몸과 마음을 재설계할 수단을 제공하기 시작했다.[29]

포노 사피엔스의 이전 인류에 해당하는 호모 사피엔스는 포노 사피엔스와 어떤 관계일까? 유발 하라리는《사피엔스》에서 기존의 자연선택으로부터 이제 '지적 설계'에 의한 '비유기적 생명의 시대'로의 대체를 주목하고 있다. 나아가 대체의 중심에 인간이 인간 스스로를, 즉 자신의 몸과 마음을 과학이라는 수단을 통해 재설계하는 현상을 위치시키고 있다. 지적 설계에 의한 변화의 대상과 방식의 급진성은 지난 역사 속에서 수많은 외적 혁명, 즉 경제적·사회적·정치적 혁명의 와중에도 변하지 않았던 인간 자신을 대상으로 한다는 점이 부각된다. 이는 이제 유전공학, 나노기술, 뇌-컴퓨터 중계장치에 의해서 완전히 바뀔 인간 자신이 '21세기 경제의 주요한 생산물'이 될 것이라는 전망을 저자가 내놓을 때 선명해진다.[30]

---

29 유발 하라리,《사피엔스》, 6~7쪽.
30 유발 하라리,《사피엔스》, 8쪽.

이와 같은 근본적인 변화가 가져올 인류의 근본적인 변화에 직면하여 유발 하라리가 현 인류, 즉 호모 사피엔스에게 던지는 화두는 '인간강화human enhancement'다. 저자는 유전공학, 인공지능 그리고 나노기술을 이용해 현 인류가 천국을 건설할 수도 있지만 지옥을 만들 수도 있다는 전망, 그리고 현명한 선택을 했을 경우 얻게 될 무한한 혜택과 더불어 어리석은 선택을 했을 경우 치르게 될 인류의 종말이라는 비용을 경고한다. 그리고 이는 다름 아닌 인간 자신의 손에 달려 있다고 한다.[31] 이로써 저자는 호모 사피엔스가 지니고 있는 생각하는 능력의 결정체인 지적 설계가 야누스적 본성을 지니고 있음을 경고한다.

유발 하라리는 세 개의 혁명, 즉 약 7만 년 전에 일어난 인지혁명, 약 1만 2천 년 전 발생한 농업혁명 그리고 불과 5백 년 전에 시작한 과학혁명을 역사의 진로를 형성한 3대 혁명으로 제시한다. 특히 그가 주목하는 것은 역사의 종말을 불러올 수도 있을 세번째 혁명, 즉 과학혁명이다. 뿐만 아니라 그가 이 세 가지 혁명을 인간만이 아니라 인간의 이웃 생명체에게 미칠 영향까지 주목한다는 점에서[32] 그는 지금까지 인류, 즉 약 38억 년 전 지구라는 행성의 탄생, 그리고 약 7만 년 전부터 지구에 거주하기 시작한 '호모 사피엔스종'에 의해서 출현한 문화의 발전 과정으로서 '역사'[33]

---

31   유발 하라리, 《사피엔스》, 11쪽.
32   유발 하라리, 《사피엔스》, 19쪽.
33   유발 하라리, 《사피엔스》, 18쪽.

를 비로소 탈-인간중심적 관점에서 주목하고 있다고 할 수 있다.

탈-인간중심적인 관점은 무엇보다도 인간 자신에 대한 유발 하라리의 관점에서 나타난다. 그는 인류, 즉 그가 호모 사피엔스 종의 일원들을 지칭하는 표현으로 '사피엔스'라는 용어를, 그리고 호모 속屬에 속하는 현존하는 모든 인종을 지칭하는 의미로 사용하는 '인류human'를[34] 논할 때 드러난다. 그는 '인류가 스스로 숨겨 온 비밀'로서 오랫동안 호모 사피엔스가 스스로 다른 동물들과 동떨어진 존재처럼, 즉 속한 과科가 없는 동물처럼 자신을 보려 했다는 사실을 드러낸다. 나아가 인류는 이보다 훨씬 더 불편한 사실을 비밀로 해 왔는데, 그것은 오늘날 우리에게 문명화되지 않은 사촌들이 많을 뿐 아니라 과거에는 형제자매도 적지 않았다는 사실[35]이라고 한다. 뿐만 아니라 이러한 비밀을 숨겨 온 사피엔스는 멀지 않은 미래에 사피엔스가 아닌 인류와 다시 한 번 경쟁해야 할지도 모른다고 경고한다.[36] 이 인류는 다름 아닌 포노 사피엔스일 것이다.

유발 하라리는 사피엔스, 즉 2백만 년 전부터 약 1만 년 전까지 지구에 동시에 살았던 다양한 인간종 중에 지금은 딱 한 종만 남아 있다는 이 사실로부터 현생인류인 사피엔스의 범죄를 암시하고 더불어 호모 사피엔스종의 사촌들에 관한 기억의 억압을 물음

---

34 유발 하라리, 《사피엔스》, 23쪽 참조.

35 유발 하라리, 《사피엔스》, 22쪽 참조.

36 유발 하라리, 《사피엔스》, 22쪽 참조.

에 붙인다.[37] 이 물음에 대한 답변을 찾아가는 관문은 인간의 뇌다. 인간은 공통적으로 다른 동물에 비해 큰 뇌를 예외적으로 갖게 됨으로써 진화 과정에서 유리했으나 이로 인해 지불했던 두 가지 대가가 주목된다. 첫 번째 대가는 무거운 뇌 때문에 이동이 더 어려워지고, 심지어 소모하는 에너지의 증가로 인하여 식량을 찾아다니는 데 더 많은 시간이 필요했다는 것이다. 지불했어야 할 또 다른 대가는 근육의 퇴화이다. 인류는 근육에 쓸 에너지를 뉴런에 투입했다는 것이다.[38]

이는 호모 사피엔스, 즉 생각하는 인간 그리하여 지혜롭다고 생각한 인간의 특이점이다. 인간은 더 이상 직립하는 인간이나 도구를 사용하는 인간만이 아니라 직립하면서도 도구를 쓰고, 도구를 쓰면서도 생각하는 인간이 된 것이다. 그렇다면 뇌가 크고 도구를 사용하며 학습 능력이 뛰어나고 복잡한 사회적 구조를 갖추면 생존에 크게 유리할 것인가? 결과적으로 그렇다고 유발 하라리는 대답한다. 그러나 유발 하라리는 호모 사피엔스가 생태계의 중간에서 맨 꼭대기로 단숨에 도약한 것이 낳은 엄청난 두 가지 결과로서 생태계가 그에 맞춰 적응할 시간이 없었다는 점과 인간 자신도 적응에 실패했다는 점을 제시한다. 즉, 기존의 지구 최상위 포식자가 수백만 년간 지배해 온 결과로 자신감으로 가득했던 것에 비해, 단지 짧은 도약 기간을 가진 인간은 자신의 지위에 대

37　유발 하라리, 《사피엔스》, 25~26쪽 참조.
38　유발 하라리, 《사피엔스》, 27쪽 참조.

한 공포와 걱정으로 가득 차 있기 때문에 두 배로 잔인하고 위험해졌다는 것이다.[39]

이렇게 위험을 끌어안고 있는 사피엔스, 즉 생각하는 인간의 생존과 번식의 비결로 제시된 것은 '언어'다.[40] 모든 동물이 언어를 구사하기에 인간이 언어를 사용한 최초의 존재는 아니었다. 그럼에도 불구하고 사피엔스의 언어에만 있는 특별한 것으로 저자가 주목한 것은 놀라울 정도의 유연성이다. 이러한 언어를 통해 사피엔스는 주위 세계에 대한 막대한 양의 정보를 받아들이고 저장하며, 나아가 사회적 동물로서 사회적 협력이라는 핵심적 역할을 통하여 생존과 번식을 할 수 있었음[41]을 유발 하라리는 주목한다.

사피엔스에 대한 이와 같은 유발 하라리의 다소 일반론적 해석은 그가 사피엔스의 또 다른 능력을 주목할 때 비로소 빛을 발한다. 인간이 지닌 육체적인 힘보다는 인간의 큰 뇌를 기반으로 한 유연한 언어가 인간의 생존과 번식을 유지하기 위해 더 효과적임이 자명하지만, 언어가 지니는 이런 정보 전달 능력보다 더 진정한 인간의 특성으로 유발 하라리가 주목한 것은 바로 '전혀 존재하지 않는 것에 대한 정보를 전달하는 능력'이다.[42] 즉, 호모 사피엔스만이 '직접 보거나 만지거나 냄새를 맡지 못한 것에 대해 마음껏 이야기할 수 있는 존재'라는 점이다. '허구를 말할 수 있는

39 유발 하라리, 《사피엔스》, 30~31쪽 참조.
40 유발 하라리, 《사피엔스》, 41쪽.
41 유발 하라리, 《사피엔스》, 46~47쪽.
42 유발 하라리, 《사피엔스》, 48쪽.

능력'이야말로 사피엔스가 사용하는 언어의 가장 독특한 측면이라는 것이다. 언어의 이러한 특징으로 인하여 생각하는 인간인 사피엔스는 비로소 지구라는 세계를 지배할 수 있게 되었다.

서로 모르는 수많은 사람들이 대규모로 협력할 수 있었던 것은 언어의 이러한 능력 덕분이다. 사피엔스가 '단어'를 통해 확장했던 '가상의 실재를 창조하는 능력'에 대한 유발 하라리의 주목[43]은 매우 예리하다. 그는 실재를 창조하는 인간의 능력, 즉 하나의 가상의 실재에서 다른 가상의 실재로 전환하는 사피엔스의 가상화 능력을 문화혁명의 가능성의 근거로 지적함으로써 가상의 실재화에 대한 매우 독창적인 해석을 제시한다. 이처럼 사피엔스가 유전자나 환경의 변화로부터 상대적으로 자유롭게 자신의 형태를 바꾸거나 미래 세대에 전달할 수 있게 된 것은 인지혁명을 통하여 가능했던 것이다.[44] 그리고 이러한 인간에 의한 인지혁명은 세 번째 밀레니엄에 시작된 인공지능에 의한 가상화 혁명과의 닮은꼴을 우리에게 예고하고 있다.

호모 사피엔스의 부작용

우리는 필연적으로 우리 자신에게 이방인이다. 우리는 우리 자

---

43 유발 하라리, 《사피엔스》, 48쪽.
44 유발 하라리, 《사피엔스》, 62쪽.

신을 이해하지 못한다. 우리는 우리 자신을 혼동하지 않을 수 없다. "모든 사람은 자기 자신에 대해서 가장 먼 존재이다"라는 명제는 우리에게 영원한 의미를 지닌다. — 우리 자신에게 우리는 '인식하는 자'가 아닌 것이다…[45]

과연 인지혁명의 주체이자 대상이었던 호모 사피엔스는 지적 설계에 의해서 재설계한 자신의 육체와 마음을 얼마나 잘 알고 있을까? '나는 생각한다. 고로 존재한다Cogito ergo sum'는 데카르트René Descartes 철학의 제1명제로 시작하여 변증법에 의한 절대정신absolute Geist을 통하여 절대지absolutes Wissen를 꿈꾸던 헤겔Georg Wilhelm Friedrich Hegel에서 첨예화되는 모더니즘은 생각하는 인간, 그리고 이로써 가능해지는 지식의 획득이 초미의 관심사였다. 이 절정의 시기를 겪었던 니체는 계보학적 물음을 통하여 생각하는 인간이 그 생각으로 무수한 지식을 획득하고 있음에도 불구하고 인간 자신에 대해서는 무지하게 된 역설적 현상을 신랄하게 꼬집는다.

유발 하라리에 의해서 잘 드러나 있듯이 호모 사피엔스, 즉 생각하는 인간은 생각하는 능력을 통하여 인간을 강화해 가는 과정에서 근육에 쓸 에너지를 뉴런에 투입함으로써 근육의 퇴화[46]를 초래하였다. 이러한 현상은 오늘날까지도 인류의 일상을 지배하

---

45 프리드리히 니체, 《도덕의 계보》, 338쪽.
46 유발 하라리, 《사피엔스》, 27쪽 참조.

는 풍경이다. 육체에 대한 폄하와 정신에 대한 과도한 편애, 그리고 이와 더불어 지식에 대한 강박적인 집착은 서구 문명을 관통해 온 축, 특히 근대사회의 지배담론이었다.

생각하는 인간이 정신을 통해 얻고자 했던 지식이나 정보를 저장하는 중심 매체는 언어였다. 유발 하라리가 호모 사피엔스의 존속과 번식에 결정적인 영향력을 행사한 능력으로 언어 능력을 주목한 것은 필연적이다. 뿐만 아니라 플라톤이 현상의 근원을 이루는 본질로서 언어를 주목한 것에서 한 걸음 더 나아가 유발 하라리는 플라톤이 배제하고자 했던 언어, 즉 가상적 언어까지 주목한다. '전혀 존재하지 않는 것에 대한 정보를 전달하는 능력', '허구를 말할 수 있는 능력'[47]은 21세기 디지털 인류인 포모 사피엔스가 디지털 공간에서 펼치는 핵심적 능력에 속한다. 호모 사피엔스로 하여금 세상을 지배할 수 있게 한 이 능력의 확장과 전환 버전인 '가상의 실재를 창조하는 능력'[48]에 대한 주목은 아날로그 세계만이 아니라 SNS나 유튜브 등에서 확인할 수 있듯이 포노 사피엔스의 의사소통의 중심을 이루는 능력이다. 호모 사피엔스가 오프라인에서 말과 문자라는 언어를 통해서 '서로 모르는 수많은 사람들이 대규모로 협력'[49]했다면, 이제 포노 사피엔스는 오프라인의 말과 문자를 초월하는 디지털 전달 매체에 기반을 둔

---

47 유발 하라리, 《사피엔스》, 48쪽.

48 유발 하라리, 《사피엔스》, 48쪽.

49 유발 하라리, 《사피엔스》, 48쪽.

디지털 언어를 통해 초-규모 협력을 이루어 낸다.[50] 이는 호모 사피엔스 인지혁명의 화룡점정에서 점화된 포노 사피엔스의 가상화 혁명의 접점이다.

이렇듯 호모 사피엔스의 정체성에 대한 유발 하라리의 담론은 디지털 인류인 포노 사피엔스를 가능하게 했던 근본적인 능력에 해당한다. 뇌 중심의 호모 사피엔스, 그리고 뇌의 활동을 위한 언어의 사용과 더불어 언어 사용의 극치라고 할 수 있는 가상 실재에 대한 언어 능력은 바로 포노 사피엔스가 호모 사피엔스에게 전수받은 사피엔스 DNA의 정수다. 이와 같은 시각으로 볼 때, 포노 사피엔스는 여전히 호모 사피엔스에 속해 있으며, 그가 접속하고 있는 스마트폰은 호모 사피엔스의 외부로 확장된 자기의 외재화外在化에 해당한다.

호모 사피엔스로서 인간이 자신에게 아직 부재하는 능력을 상상을 통해 '신'이라는 언어 속에 구현하였다면, 포노 사피엔스는 그것을 자신의 몸 바깥에 휴대할 수 있게 외재화한 최첨단 장비, 즉 스마트폰을 통해 구현한 것이다. 니체가 호모 사피엔스 시대의 최상위 가상 존재자 신이 인간 밖에 별도로 존재하는 것이 아

---

50 21세기를 상징하는 초연결성의 전제, 즉 인터넷 연결 차원에서의 다음 네 가지 영역을 주목할 수 있다: ICT를 통한 사람들 간의 연결 극대화를 특징으로 하는 사람인터넷IoP:Internet of People, 사물들 간의 연결과 사물과 사람 간의 연결을 특징으로 하는 사물인터넷IoT, 프로세스를 중심으로 사람과 사물·데이터의 연결을 특징으로 하는 만물인터넷IoE: Internet of Everything, 그리고 마지막으로 인간을 중심으로 사물, 데이터, 프로세스, 시간과 공간, 지식 등의 지구와 인류 문명의 모든 요소를 상호 연결하는 만물지능인터넷IIoE: Intelligent IoE. 곽영빈·신정원 외,《초연결 시대 인간-미디어-문화》, 앨피, 2021, 27~31쪽 참조.

니라 바로 인간의 창작물임을 신랄하게 고지할 때, 우리는 포노 사피엔스의 손에 든 스마트폰의 숨겨진 정체를 눈치 챌 수 있을 것이다.

배후 세계를 신봉하는 자들이 모두가 그러하듯이 나 또한 이렇듯 인간 저편에 대한 망상을 품고 있었던 것이다. 진정 인간 저편에 대한 것이었을까?

아, 형제들이여, 내가 지어낸 이 신은 신이 모두 그러하듯이 사람이 만들어 낸 작품이자 광기였다!

그는 사람이었고, 사람과 자아의 빈약한 부분이었을 뿐이다. 이 유령이 그 자신의 재와 불길로부터 내게 온 것이지, 진정! 저편의 세계에서 온 것은 아니었다![51]

그러나 포노 사피엔스의 저편의 세계로서 디지털 세계, 그리고 거기에 거주하는 디지털 인간은 부단히 디지털 세계로의 초월을 통하여 아날로그 세계로부터 멀어져 간다. 호모 사피엔스가 자신의 자랑스러운 정체성 인자로서 뇌를 선택함으로써 육체를 거부하였듯이, 포모 사피엔스는 디지털 자아를 선택함으로써 아날로그 자아로부터 멀어지게 된다. 생각하는 것에 정향되어 있는 호모 사피엔스의 생존 방식은 과연 생존에 유리한가? 그리고 이는 호모 사피엔스와 공존이고 있는 이외 존개들과의 공존 관계에 기

---

51   프리드리히 니체,《차라투스트라는 이렇게 말했다》, 정동호 옮김, 책세상, 2018, 47~48쪽.

여하는가?[52] 인간은 환경에 대한 정보를 얻기 위한 자신의 독보적 능력인 생각의 확장에 올인했다. 호모 사피엔스는 교육에 열을 올리며, 지식의 생산과 유포를 담당하고 있는 교육 현장에서 자신이 거주하는 지구와 우주에 대한 정보 취득에 골몰한다. 그리고 그와 같은 정보는 인간 중심의 질서로 지구와 우주를 재편하는 데 기여해 왔다. 그리하여 지구, 나아가 우주는 생각하는 인간에 의해 인간중심적으로 편집되어 갔다.

그러나 인간 중심에서 중심을 차지하는 인간은 자연과의 관계에서와 마찬가지로 인간 간의 관계에서도 반려자가 아니라 오히려 경쟁자로 자리매김하며, 자연은 인간에게 단지 자신의 생존을 강화할 도구로 인식된다. 사피엔스는 이제 주변 생태환경에 예속된 상태에서 해방되었다. 그러나 이에 상응하여 주변 환경들은 어떠할까? 유발 하라리의 관점은 아래와 같다.

결론적으로, 우리는 다른 모든 동물의 운명을 깡그리 무시할 때만 현대 사피엔스가 이룩한 전례 없는 성취를 자축할 수 있다. 우리

---

[52] 인간과 사회의 모든 영역이 연결되는 초연결사회의 중심축이 사물이 아니라 인간임을 선언할 때, 그리하여 진정한 초연결이란 인간을 위해 이루어져야 하고 인간이 통제할 수 있어야 한다고 주장할 때(김대호 · 김성철 외, 《인간, 초연결 사회를 살다》, 커뮤니케이션북스, 2015, 18쪽), 우리는 초연결사회 속 인간도 여전히 인간중심주의를 고수함으로써 인간이 이웃하고 있는 존재들에 대해 지배적이고 수직적인 태도를 고수하고 있는 것은 아닌지 경계해야 할 것이다. 인공지능과 인간의 관계에 대한 이분법적이고 양자택일적 사고는 초연결사회에서 인간과 인간 외적 존재들의 공존을 위협하는 패러다임으로 고착화될 수도 있다. 나아가 이로 인하여 인공지능의 배후에 있는 인간 자신의 위험성을 인간은 간과하게 될 것이다.

는 스스로를 질병과 기근으로부터 보호해 주는 물질적 부를 자랑하지만, 그중 많은 부분은 실험실의 원숭이, 젖소, 컨베이어 벨트의 병아리 희생 덕분에 축적된 것이다. (⋯) 지구 전체의 행복을 평가할 때 오로지 상류층이나 유럽인이나 남자만을 대상으로 하는 것은 잘못이다. 인류의 행복만을 고려하는 것도 마찬가지로 잘못일 것이다.(생략: 논자)[53]

생각하는 인간, 호모 사피엔스의 생각이 가져온 인지혁명 덕분에 상상을 초월하는 지구의 변화가 가능했다. 7만 년 전, 아프리카 한구석에서 자기 앞가림만 신경 쓰는, 별로 중요하지 않은 호모 사피엔스라는 동물은 이제 지구 전체의 주인이자 생태계 파괴자의 이면을 지닌다. 뿐만 아니라 호모 사피엔스는 이제 신이 되려고 한다.[54] 그러나 바로 이 신이 되려는 자, 사피엔스는 스스로 무엇을 원하는지도 모르는 채 불만스러워하는 무책임한 신들, 이보다 더 위험한 존재는 없을 존재일 수 있다.[55] 그리하여 호모 사피엔스는 포노 사피엔스의 도플갱어라고 할 수 있을 봇맨의 탄생이라는 필연성으로부터 자유롭기는 어렵게 되어 가고 있다.

53 유발 하라리, 《사피엔스》, 535쪽.
54 유발 하라리, 《사피엔스》, 587쪽.
55 유발 하라리, 《사피엔스》, 587쪽.

호모 사피엔스와 포노 사피엔스의 닮은꼴로 인한 닮은 부작용: 계보학적 비판

포노 사피엔스가 호모 사피엔스의 차기 버전이듯이 포노 사피엔스의 초-디지털화가 초래할 수 있는 문제는 호모 사피엔스가 초래했던 문제와 중첩적일 수밖에 없다. 이는 호모 사피엔스에 대한 비판적 성찰이 포노 사피엔스에 대한 비판적 성찰과 상통할 수 있기 때문이다. 따라서 포노 사피엔스의 부작용을 예방하기 위하여 호모 사피엔스의 역기능에 대한 성찰을 포노 사피엔스의 역기능과 연계하여 검토해 보아야 한다.

이를 위해 호모 사피엔스와 포노 사피엔스의 공통분모인 '사피엔스', 즉 '생각하는 인간'에 대한 비판적 성찰이 필요하다. 서구 지성사에서 생각하는 인간에 대한 가장 근본적이고도 강력한 성찰과 비판은 니체, 그리고 그 이후 포스트모더니스트들에 의해서 수행되었다. 이들이 비판적으로 성찰한 학문은 바로 그들 자신이 속한 철학이었다. 주지하다시피 'philosophia', 즉 지식sophia에 대한 사랑philos을 의미하는 철학의 어원은 철학의 관심사가 지식임을 고지한다. 지식을 사랑하는 철학이 자연스럽게 갖게 되는 영역은 지식을 얻을 수 있는 매체다. 소크라테스 이전의 자연철학자들에서부터 이미 로고스logos에 대한 강력한 관심은 바로 지식을 얻을 수 있는 능력인 이성reason과 더불어 이성에 의해서 파악되는 본질essence이라는 용어와 연동된다. 전통적으로 철학은 생각하는 인간이 지닌 이성과 그 능력의 산물인 지식 그리고 이것을 가능하게 하는 인간 유형으로서 철학자, 즉 호모 사피엔스의 다른 이름에 대한 편애와 특혜에서 출발하고 유지된다.

플라톤이 《국가》에서 이상국가의 실현을 위한 통치자로서 '철인philosophos'을 내세우는 것[56]은 서구 지성사에서 생각하는 인간의 강력한 위상을 예고하는 것이다.[57] 이는 FANG의 시대로 상징할 수 있는 21세기에 빅데이터와 인공지능에 사활을 거는 현상의 고전적 현상이자 닮은꼴이다. 21세기 디지털 자아로서 포노 사피엔스는 서구 지성사를 관통해 오던 플라톤적 자아의 확장판이자 변형판에 다름 아니다. 그러므로 플라톤적 패러다임의 지배로 인해 출몰했던 19세기 유럽의 니힐리즘Nihilismus과 데카당스Decadence 현상에 비춰 볼 때, 호모 사피엔스와 연동된 포노 사피엔스의 시대가 디지털 니힐리즘과 디지털 데카당스의 출몰로부터 자유롭다고 보기는 어려울 것이다. 따라서 코로나19로 인해 가속화되고 집중화되는 디지털 문화가 수반할 수 있는 부작용이나 병리적 현상에 대한 예방적 담론의 요청은 불가피하다.

철학이라는 학문의 유래와 궤를 같이하는 포노 사피엔스의 출현이 수반하는 순기능 이면의 역기능에 대비하기 위해서는 호모 사피엔스의 핵심인 이성 중심의 전통철학이 수반한 현상에

---

56   플라톤, 《국가》, 천병희 옮김, 도서출판 숲, 2013, 473d. 참조.
57   소크라테스의 작은 철학의 독으로서 플라톤의 큰 철학이 지니는 다섯 가지 역설로서 말의 문자화, 소크라테스의 이중 모방, 분만 시키는 자의 낳는 자로의 전도, 문자와 세계의 관계 전도, 큰 철학자의 탄생과 작은 철학자의 죽음에 대한 고찰로는 다음 논의를 참조: 김선희, 〈'작은 철학'의 짧은 삶과 '큰 철학'의 오래된 삶: 파르마콘으로서 플라톤의 다섯 가지 역설들〉, 《철학탐구》 제33집, 2013, 169~205쪽.

대한 비판적 담론, 즉 포스트모더니즘 사유의 근간을 이루고 있는 니체 사상을 접목해 보는 것이 마땅하다. 니체 사상 중에서도 생각하는 인간에 대한 니체적 표현인 '이론적 인간der theoretische Mensch'[58]에 대한 계보학적 담론이 도움이 될 것이다.

(이름을 부여하는 지배권은 멀리까지 미쳐서, 언어 자체의 기원을 지배자의 권력을 표현하는 것으로 간주하도록 허용해야만 하는 정도까지 이른다: 그들은 '이것은 이러이러하다'고 말한다. 그들은 모든 사물과 사건을 한 마디 소리로 봉인하고, 말하자면 이러한 행위를 통해 그것을 점유해 버린다)[59]

니체는 인간의 유래에 대한 계보학적 분석을 '언어Sprache', '권력Macht', '도덕Moral' 등의 개념을 통하여 추적한다. 특히 그는 인간의 정체성이 선천적으로 부여된 것이 아니라 권력이 행사하는 언

---

58 프리드리히 니체, 《비극의 탄생》, 이진우 옮김, 책세상, 2005, 115~116쪽. 소크라테스라는 주인공을 통해 펼쳐지는 플라톤의 〈대화편〉에서 구현되는 플라톤의 소크라테스주의는 논증과 반증을 통한 지식의 획득을 목적으로 하는 '이론적 인간'이라는 새로운 인간 유형의 탄생을 고지한다. 이는 전통 형이상학에 의하여 추방되어 왔던 가상의 세계의 대척자이지만, 니체의 사유에 따르면, 플라톤의 이론적 인간에 의한 이론이나 지식의 근저에 있는 이데아계 역시 자신이 부정한 가상세계에 속한다. 이와 관련된 구체적인 논의는 김선희, 〈니체에 있어서 디오니소스적 예술가와 삶의 실천〉, 《니체연구》 제13집, 2008, 182~185쪽 참조. 나아가 이론적 인간의 현대적 버전이라고 할 수 있을 비타 콘템플라티바vita contemplativa에 대한 비판적인 논의는 김선희, 〈피로회복과 '사색적 삶, 활동적 삶 그리고 예술적 삶'의 치료적 관계〉, 《니체연구》 제35집, 2019, 141~170쪽 참조.
59 프리드리히 니체, 《도덕의 계보》, 354쪽.

어, 특히 도덕이라는 언어에 의해서 형성되었다는 점을 드러낸다. 이로써 인간 자신이 인간 자신의 유래에 무지한 역설적 현상을 환기시키고 있다. 니체는 인간의 정체성이 선천적이고 본질적이라는 전통 형이상학적 입장을 해부함으로써, 인간의 정체성이란 권력이 자신을 강화하기 위해 고안한 작위적인 결과임을 밝힌다. 이로써 인간의 정체성과 더불어 인간을 지배하고 있는 법이나 도덕이 누리고 있던 보편적 타당성이라는 명분은 힘을 잃어 가게 된다.

특히 우리 자신이나 우리가 살고 있는 현실이 보편적이고 유일한 세계가 아니라 단지 권력의 고안물임을 폭로하는 니체적 담론의 위상은 주영민이 디지털 세계를 가상세계로 봄으로써 이것을 실재 세계와 분리시킬 때 보여 주는 대목을 연상시킨다. 즉, 니체의 계보학적 사유는 오늘날 우리 삶을 지배하고 있는 포노 사피엔스의 디지털 세계가 지니고 있는 가상화 혁명과 중첩된다.

삶을 공유하기 위해 인스타그램에 사진을 업로드한다는 것은 큰 착각이다. 오히려 우리는 인스타그램에 사진을 업로드하기 위해 삶을 기획하고 콘텐츠를 생성한다. 소셜미디어가 활성화 상태를 유지할 수 있도록 우리는 삶에서 끊임없이 이벤트와 데이터를 만들어야 한다. 가상 자아를 먹여살리기feeding 위해 우리는 업로드 노동을 수행해야 하는 것이다. 가상 자아는 단지 가상에만 머물러 있지 않는

다. 가상 자아는 실제 삶의 다양한 영역에 깊게 개입한다.[60]

'삶의 공유'와 '인스타그램에 사진을 업로드하는 것' 간의 관계 중심이 삶의 공유로부터 사진을 업로드하는 것으로 역전됨으로써 수반되는 오프라인과 온라인의 관계가 주객전도되는 현장을 주영민은 주목하고 있다. 가상화 혁명의 일환인 가상세계의 역전 현상은 서구 지성사의 출발부터 예정된 결과라고 할 수 있다. 왜냐하면 이는 현실로부터 지식을 추출, 그리고 추출된 지식에 의한 현실의 구성이라는 역추출 현상의 디지털 버전이기 때문이다. 심지어 가상 자아에 대해 갖는 우리 통제력보다 더 커 버린 가상 자아가 우리에게 갖는 통제력에 대한 환기는 니체의 계보학적 사유 속에서 나타나는 인간의 타자화, 익명화, 식민지화와 닮아 있다. 디지털 세계 속 주객전도는 아날로그 세계 속 장기간 고착된 주객전도의 가속화와 집중화 버전이다. 그것은 포노 사피엔스에게 일어난 새로운 현상이라기보다는 이미 호모 사피엔스에서 준비되어진 것의 강화된 현상이다.

그리고

호모 사피엔스나 포노 사피엔스가 생각하는 인간의 강화를 통해

---

60 주영민, 《가상은 현실이다》, 8쪽.

서 상실한 것은 무엇일까? 인간과 세계를 이분화한 논리의 연속과 강화에 기반한 포노 사피엔스는 호모 사피엔스와 마찬가지로 '생각하는 인간'의 비대화로 인한 '느낄 수 있는 인간', 즉 몸der Leib 의 상실을 수반한다.

그대의 몸 속에는 그대의 최고의 지혜 속에 있는 것보다 더 많은 이성이 들어 있다. 그대의 몸이 무엇을 위해 그대의 최고의 지혜를 필요로 하는지를 누가 알 것인가?

그대의 자기는 그대의 자아를, 그리고 자아와 그 잘난 도약을 비웃는다. "이들 생각의 도약과 비상이라는 것들이 다 무엇이란 말인가?" 자기는 자신에게 말한다. "고작 내 목적에 이르는 에움길이 아닌가, 나야말로 자아를 끌고 가는 줄이요, 자아의 개념들을 암시해주는 자렸다."

자기가 자아에게 말한다. "자 고통을 느껴라!" 그러면 자아는 고뇌하면서 어떻게 하면 고뇌를 면할 수 있을까 깊이 생각한다. 그리고 그럴 수 있기 위해 자아는 바로 생각을 해야만 한다.

자기가 자아에게 말한다. "자, 즐거움을 느껴라!" 그러면 자아는 기뻐하며, 앞으로 얼마나 자주 기쁘하게 될 것인가를 깊이 생각한다. 그리고 그럴 수 있기 위해 자아는 바로 생각을 해야만 한다.[61]

니체가 자기das Selbst 개념을 통해서 자아das Ich의 한계를 노정

---

61 프리드리히 니체, 《차라투스트라는 이렇게 말했다》, 53~54쪽.

할 때, 자아란 생각하는 인간, 생각만 할 줄 아는 인간이다. 느끼는 활동조차도 머리를 통해서야 비로소 가능한 자아는 호모 사피엔스이자 이를 닮은 포노 사피엔스라고 할 수 있다. 부단히 정보를 얻는 데에만 고심하는 자아에게 세상을 느끼는 활동이란 더 이상 가능하지 않은 일이 될 수도 있다. 느낌이라고 느끼는 것조차도 사실은 생각일 뿐인 자아가 되어 버리는 것이다. 어쩌면 아직 호모 사피엔스와 포노 사피엔스 사이 존재로서 우리 인간은 너무 늦기 전에 우리 자신의 정체성에 대해서 진단적이고도 치유적인 관점에서 고민해 봐야 할 것이다. 그리고 이 과정에서 우리와 함께 고민할 수 있는 동반자 중의 한 명이 니체일 것이다.

참고문헌

곽영빈 · 신정원 외, 강원대 인문과학연구소 엮음, 《초연결 시대 인간-미디어-문화》, 앨피, 2021.

김대호 · 김성철 외, 《인간, 초연결 사회를 살다》, 커뮤니케이션북스, 2015.

김선희, 〈니체에 있어서 디오니소스적 예술가와 삶의 실천〉, 《니체연구》 제13집, 2008.

_____, 〈'작은 철학'의 짧은 삶과 '큰 철학'의 오래된 삶: 파르마콘으로서 플라톤의 다섯 가지 역설들〉, 《철학탐구》 제33집, 2013.

_____, 〈피로회복과 '사색적 삶', 활동적 삶 그리고 예술적 삶'의 치료적 관계〉, 《니체연구》 제35집, 2019.

니체, 프리드리히, 《차라투스트라는 이렇게 말했다》, 정동오 옮김, 책세상, 2018.

_____, 《도덕의 계보》, 김정현 옮김, 책세상, 2002.

_____, 《비극의 탄생》, 이진우 옮김, 책세상, 2005.

주영민, 《가상은 현실이다》, 어크로스, 2019.

최재붕, 《포노 사피엔스》, 샘앤파커스, 2019.

최재천 · 장하준 · 최재붕 외, 《코로나 사피엔스》, 인플루엔셜, 2020.

차이코, 메리, 《초연결사회》, 배현석 옮김, 한울아카데미, 2018.

플라톤, 《국가》, 천병희 옮김, 도서출판 숲, 2013.

Nietzsche, F., *Also Sprach Zarathustra*, Sämtliche Werke, Kritische Studienausgabe(KSA) Band1, hrsg., Giorgio Colli und Mazzino Montiari, Berlin/New York: Deutsche Taschenbuch Verlag de Gruyter, 1980.

Nietzsche, F., *Die Geburt der Tragödie*, KSA Band 1. hrsg., Giorgio Colli und Mazzino Montiari, Berlin/New York: Deutsche Taschenbuch Verlag de Gruyter, 1980.

Nietzsche, F., *Zur Genealogie der Moral*, KSA Band 4. hrsg., Giorgio Colli und Mazzino Montiari, Berlin/New York: Deutsche Taschenbuch Verlag de Gruyter, 1980.

기술로서의 매체 발전과
인지의 확장

이영의

이 글은 이영의, 〈기술로서의 매체 발전과 인지의 확장〉, 《지식의 지평》, 14호, 2013, 80~93쪽 및 〈체화된 인지의 개념 지도〉, 《탈경계인문학》 8(2), 2015, 101~139쪽을 수정, 보완한 것이다.

인간은 주위 환경과 상호작용하고 생물학적 균형을 유지하면서 살아간다. 인간의 삶이 정상으로 유지되기 위해서는 환경과의 상호작용을 통한 항상성homeostasis뿐만 아니라 사회문화적 차원의 균형과 정신적 차원의 안정 및 초월도 필요하다. 인간이 인간다운 삶을 살기 위해서는 칼, 그릇, 연필, 손수레, 청소기, 면도기, 화장품, 옷, 가방, 자동차, 라디오, 텔레비전, 신문, 영화, 전화기, 컴퓨터, 인터넷, 스마트폰, 학교, 규범, 법 등 수많은 인공물이 필요하다. 이 목록에서 일반적으로 라디오, 텔레비전, 신문, 영화, 전화기, 컴퓨터, 인터넷, 스마트폰과 같이 의사소통을 하는 데 사용되는 수단을 매체라고 한다.

매체는 인간과 세계와의 소통을 매개하는 것으로 폭넓게 이해되기도 한다. 예를 들어 매클루언Marshall McLuhan은 매체를 인간의 신체와 감각을 확장하는 모든 기술을 망라한 것으로 보았다. 현대문명의 특징 중 하나는 컴퓨터, 인터넷, 스마트폰 등으로 대표되는 매체들의 급속한 발전이다. 기술 비관주의자들은 전자매체를 통한 소통이 영화 〈터미네이터〉에서 그려지고 있듯이 궁극적으로 인간성의 상실과 인간의 기계 예속을 초래할 것이라고 우려한다. 반면에 기술 낙관주의자들은 전자매체의 발전은 인간을 노동으로부터 해방하고 삶을 연장함으로써 제2의 르네상스를 가져올 것으로 생각한다.

이 글의 주제는 전자매체의 발전이 인지에 미치는 영향을 이론적으로 검토하는 것이다. 매체의 발전이 인지의 확장을 가져온다는 것은 부정할 수 없는 사실이지만, 이는 지극히 평범한 사실인 동시에 다른 한편으로는 거짓이기도 하다. 왜냐하면 인지는 애초부터 매체와 더불어 확장되어 있기 때문이고, 매체 발전이 인지에 영향을 미치는 것은 확장이 아니라 내용이기 때문이다. 이 글은 인지와 매체의 관계를 확장된 인지 이론theory of extended cognition의 입장에서 분석한다. 매체는 인지를 구성하는 요소이며, 매체와의 인과적 통합을 통해 뇌와 몸의 경계를 벗어나 매체와 세계로 확장된다는 점을 주장할 것이다.

기술로서의 매체

기술은 인간이 세계와 관계하는 모든 것이다 인간은 하이데거Martin Heidegger가 말했듯이 세계-내-존재in-der-Welt-sein이며, 기술은 지향성을 지닌 인간이 세계를 살아가는 수단인 동시에 자신을 드러내는 방식이기도 하다. 아이디Don Ihde는 현상학적 틀을 이용하여 기술 현상학phenomenology of technology을 제시하면서, 나-기술-세계 I-technology-world의 관계가 해석 작용에 의해 변형된 것을 다음과 같이 네 가지 유형으로 구별한다.[1]

첫째 유형은 체화 관계embodiment relation이다. 여기서 기술은 세계에 대한 주관적 지각 경험의 매체로 작용하면서 주체의 지각

---

[1] Don Ihde, *Technics and Praxis, D. Reidel*, 1979, pp. 6-15; *Technology and the Lifeworld*, Indiana University Press, 1990, pp. 89-111.

적이고 신체적 감각을 변형한다. 예를 들어, 나는 안경을 통해 세계를 보고 안경은 나에게 세계를 투사한다. 이런 방식으로 안경은 내가 세계를 경험하는 방식의 한 부분으로 나의 신체적 감각 안으로 들어온다. 체화 관계는 또한 전자현미경의 예에서 드러나듯이 기술을 통하여 경험된 것을 확대하거나 축소하고 심지어는 차단하기도 한다. 체화 관계의 구조는 "(주체-기술)→세계" 〔(I-technology)→world〕이다(여기서 '( )', '→', '-'은 각각 즉각적인 지각의 초점, 지향적 관계, 해석적 관계를 의미한다).

둘째 유형은 해석학적 관계hermeneutic relation이다. 여기서 기술은 그 자체를 넘어선 대상에 대한 즉각적 지시체로 작용한다. 예를 들어, 지도에 집중하고 있을 때 내가 실제로 보는 것은 지도 그 자체가 아니라 그것이 지시하는 세계이다. 이 경우 기술과 세계 사이에 부분적 차폐성이 있어서 기술은 지각적이라기보다는 해석학적 대상이 된다. 내가 지도를 읽는 데 익숙해지면 지도는 세계 그 자체로 들어간다. 해석학적 관계의 구조는 "주체→(기술-세계)" 〔I→(technology-world)〕이다.

셋째 유형은 타자 관계alterity relation이다. 여기서 기술은 타자로서 경험된다. 예를 들어, 지능로봇과의 상호작용에서 로봇은 자신의 세계를 드러내고 내가 그것에 참여하게 되면 나는 일상적 생활세계로부터 유리된다. 이 경우 세계는 배경으로 남고 기술은 내가 참여하는 주된 실재가 됨으로써 타자성과 자율성을 갖는다. 타자 관계의 구조는 "주체→기술-(세계)" 〔I→technology-(world)〕이다.

넷째 유형은 배경 관계background relation이다. 여기서 기술은 점점 배경으로 남고 인간의 의식에 직접 드러나지 않는다. 예를 들어, 중앙난방시스템이 가동되는 사무실에서 근무하는 우리는 대체로 그것을 의식하지 못한다. 중앙난방시스템은 우리가 거기에 참여하지는 않지만, 생존을 위해 의존해야 하는 방식으로 우리로부터 차단되어 있다. 이런 의미에서 기술은 진행 중인 배경으로 남는다. 우리는 앞의 구조를 이용하여 그것을 "주체→(기술)-세계" [I→(technology)-world]로 표현할 수 있다.

매클루언에 따르면 매체는 인간의 신체와 감각을 확장하는 기술이다. 매클루언의 주장을 확장된 인지의 가설과 결합하면 기술은 인지를 확장한다는 점이 드러난다. 매체는 인간이 세계와 조우하는 삶의 기술이며, 인지 과제를 수행하기 위한 수단이다. 이 글의 마지막 부분에서 아이디가 제시한 네 가지 유형들을 확장된 인지 이론의 관점에서 분석된다.

인지의 확장

인지가 확장되는 방식을 구체적으로 보기 위해 클라크Andy Clark와 찰머스David Chalmers가 제시한 예를 살펴보자. 뉴욕에 사는 잉가와 오토는 어느 날 뉴욕현대미술관MoMA에서 그들이 평소 보고 싶었던 전시회가 열리고 있다는 사실을 알게 되었다. 이 소식을 듣고 잉가는 잠시 기억을 더듬어 현대미술관이 맨해튼 53번가에 있다는 점을 생각해 내고는 그곳을 향해 출발했다. 한편 가벼운 알츠하이머병을

앓고 있는 오토는 기억 체계에 문제가 있으므로 항상 노트를 휴대하고 다니면서 기억할 일들을 기록한다. 오토는 그 소식을 듣고 노트를 꺼내 현대미술관의 위치를 확인하고 그곳을 향해 출발했다.

클라크와 찰머스는 이 예에서 오토의 노트는 잉가의 기억과 동일한 기능을 수행한다고 주장한다.[2] 즉 오토의 노트에 저장된 정보는 잉가의 뇌에 저장된 정보와 동일한 기능을 한다는 것이다. 우리의 믿음 체계는 일정한 조건이 갖춰지면 특정 행동이나 믿음을 야기하는 성향이 있다. 잉가의 경우 현대미술관이 53번가에 있다는 믿음은 그곳에서 열리고 있는 전시회에 가고 싶다는 욕구와 결합하면 현대미술관으로 가는 행동을 유발한다. 오토의 경우도 마찬가지로 현대미술관의 위치에 대한 노트의 정보는 그곳에서 열리고 있는 전시회에 참석하려는 욕구와 결합하면 현대미술관으로 가는 행동을 유발한다.

오토의 믿음 체계는 잉가의 경우와는 달리 노트라는 인공물을 포함하고 있으므로 클라크와 찰머스의 주장에 대해 다음의 질문들이 제기될 수 있다. 오토의 믿음 체계는 과연 잉가의 믿음 체계와 동일한가? 오토를 53번가로 걸어가게 만든 오토의 믿음 체계의 구체적 내용은 무엇인가? 오토가 자신의 노트를 열기 전에 갖고 있었던 믿음 내용에는 "현대미술관이 53번가에 있다"라는 믿음이 포함되어 있었는가, 아니면 그의 믿음 내용에 있는 것은 "현대미술관의 위치에 관한 정보가 노트에 있다"라는 믿음인가? 이

---

2 Andy Clark and David Chalmers, "The Extended Mind", *Analysis* 58, 1998, p. 13.

기술로서의 매체 발전과 인지의 확장 |

질문들과 관련하여 우리는 오토의 행위를 다음과 같이 두 가지 방식으로 설명할 수 있다.

- 설명 1

  오토의 욕구(현대미술관의 전시회를 보고 싶다) + 오토의 믿음(현대미술박물관이 53번가에 있다) → 오토의 행위(53번가로 걸어간다)

- 설명 2

  오토의 욕구(현대미술관의 전시회를 보고 싶다) + 오토의 믿음(현대미술관의 위치 정보가 노트에 있다) + 노트의 정보(현대미술관이 53번가에 있다) → 오토의 행위(53번가로 걸어간다)

이 두 가지 설명 중 어느 것이 오토의 행위에 대한 올바른 설명인가? 이에 대해 클라크와 찰머스는 〈설명 1〉이 옳다고 주장한다. 왜냐하면 오토가 노트를 보기 전에 그는 이미 뉴욕현대미술관이 53번가에 있다는 믿음을 갖고 있었기 때문이다. 물론 그 믿음은 오토의 뇌가 아니라 몸 밖의 노트에 쓰여 있었지만 이는 크게 문제가 되지 않는다. 노트에 쓰인 정보도 우리의 믿음을 구성할 수 있기 때문이다. 따라서 〈설명 2〉를 현대미술관으로 걸어가는 오토의 행위에 대한 적절한 설명으로 보는 것은 쓸데없이 복잡한 설명을 인정하는 것이 된다. 그것이 왜 불필요하게 복잡한 설명인지는 잉가의 행위를 다음과 같이 설명하는 경우를 상상하면 분명해진다.

- 설명 3

잉가의 욕구(현대미술관의 전시회를 보고 싶다) + 잉가의 믿음
(현대미술관의 위치 정보가 기억 속에 있다) + 기억 내용(현대
미술관이 53번가에 있다) → 잉가의 행위(53번가로 걸어간다)

위에서 제시된 〈설명 3〉이 이상하게 보이는 것은 마치 컴퓨터의
기억 체계처럼 믿음의 장소와 믿음의 내용을 구분하기 때문이다.
우리가 그런 구분을 받아들이면 "현대미술관이 53번가에 있다"라
는 기억 내용에 대해 다시 그것이 저장된 구체적인 장소(예를 들어,
대뇌 피질의 특정한 부분)와 거기에 저장된 내용을 분리하게 되고 그
구분은 계속될 수 있으므로 결국은 무한퇴행에 빠지게 될 것이다.

〈설명 1〉과 〈설명 2〉의 차이는 믿음의 담지자를 무엇으로 보는
지에 달려 있다. 〈설명 1〉은 노트도 믿음의 담지자가 될 수 있다고
보는 데 비해 〈설명 2〉는 믿음의 담지자는 오직 생물학적 뇌이어
야 한다고 전제한다. 따라서 〈설명 2〉에서는 "현대미술관이 53번
가에 있다"라는 노트의 정보는 오토의 믿음의 내용을 구성하지 못
한다. 기억은 인지를 구성하는 핵심 요소이므로, 만약 〈설명 1〉이
전제하듯이 노트에 저장된 기억이 나의 기억으로 간주될 수 있다
면 이것은 분명히 인지가 몸의 경계를 벗어나 외부로 확장되는 좋
은 예가 될 것이다.

클라크와 찰머스가 확장된 인지 이론을 주장하기 이전에도 인지
과학에는 컴퓨터와 같은 인공물이 믿음의 담지자가 될 수 있다고
보는 견해들이 등장했었다. 예를 들어, 우리는 매카시 John McCarthy

나 민스키Marvin Minsky로 대표되는 1950년대의 강한 인공지능strong AI 분야에서 "컴퓨터는 생각할 수 있다"라는 주장을 쉽게 발견할 수 있다. 그러나 1950년대의 강한 인공지능과 확장된 인지 이론 사이에는 커다란 차이가 있는데, 그것은 전자는 인간과 컴퓨터를 별개로 보고 양자의 인지적 유사성을 강조하는 반면에 후자는 컴퓨터가 인간의 인지를 구성하는 중요한 요소로 간주한다는 점이다.

앞에서 보았듯이 확장된 인지 이론에 따르면 노트와 스마트폰은 문자 그대로 우리의 믿음 체계를 구성하는 요소가 될 수 있으며, 그런 의미에서 인지는 몸의 경계를 벗어나 환경적 요소들로 확장될 수 있다. 그러나 나의 인지가 나를 둘러싸고 있는 모든 환경적 요소들로 확장된다고는 볼 수 없으므로 확장 가능성을 결정하는 기준이 필요하게 된다. 이와 관련하여 클라크와 찰머스는 어떤 대상을 인지 체계를 구성하는 요소로 간주해야 할 것인지를 판가름하기 위한 기준으로 다음과 같은 동등성원리parity principle를 제시한다.

우리가 어떤 과제를 수행할 때, 세계의 한 부분이 만약 그것이 머리 안에서 수행되었다고 가정하면 주저 없이 인지 과정의 한 부분으로 인정했을 것처럼 작용한다면, 세계의 그 부분은 바로 그런 인지 과정의 한 부분이다(라고 우리는 주장한다).[3]

위의 원리에 따르면 오토의 노트가 오토의 믿음을 구성하는 부

---

3 Andy Clark and David Chalmers, "The Extended Mind", p. 8.

분이 될 수 있는지는 그것이 어디에 있는지가 아니라 그것이 인지를 구성하는 다른 요소들처럼 제대로 기능을 하는지에 달려 있다. 만약 우리가 오토의 노트를 최대한 작은 규모로 제작하여 오토의 뇌 안에 집어넣고 오토가 별도의 외부 조작 없이 생각만으로 그것을 조작할 수 있으며 그것이 정상적으로 기능한다면, 우리는 동등성원리에 따라서 오토의 뇌 밖에 있는 노트는 그의 뇌를 구성하는 해마, 시상하부, 전두엽 등과 같은 요소들과 마찬가지로 그의 인지를 구성한다고 보아야 한다

　인간의 인지 체계는 연필, 자, 종이와 같은 간단한 도구로부터 주판, 계산기, 컴퓨터와 같은 좀 더 정교한 도구에 이르기까지 다양한 보조 수단을 사용한다. 인간은 이런 외부 대상들을 이용하여 더 쉽고 효율적으로 당면한 인지적 과제를 수행할 수 있다. 간단한 예로 '456×789'를 암산하는 경우와 종이와 연필을 이용해 계산하는 경우를 비교해 보라. 이런 점에서 환경적 요소들은 인지적 비계cognitive scaffolding로 작용한다. 그러나 인지 과정이 환경적 대상들로 확장될 수 있다는 주장을 모든 인지과학자가 수용하는 것은 아니다. 확장된 인지 이론에 대한 비판자들은 인지 과제와 목표는 뇌에 기반을 둔 인지적 자원들에 의해 달성되도록 자연에 의해 설계되었고, 뇌의 외부에 있는 환경적 자원들은 주어진 인지적 과제를 수행하고 목표를 달성하기 위해 우연적으로만 이용되는 것이라고 주장한다.[4] 그러나 비판자들이 주장하는 우연

4　Fred Adams and Ken Aizawa, *The Bounds of Cognition*, Blackwell, 2008; Robert

적 의존성은 인지의 본질을 잘못 파악한 결과이다. 앞에서 지적했듯이 인지 능력은 행동 능력과 마찬가지로 인간이 세계 내에서 생존하기 위한 중요한 수단이다.

우리는 인지적 작업을 수행하는 데 있어서 종종 환경을 이용하는데 그 주된 이유는 인지 능력의 한계 때문에 발생하는 인지적 부하를 줄이기 위해서이다. 인간은 외적 표상을 만들고 조작할 수 있으므로 언어와 수학과 같은 고도의 추상적 인지적 활동을 하는 데 필요한 기호 처리를 할 수 있다.[5] 인지는 본래 확장되어 있다. 환경과 고립된 인지는 진화의 기제가 될 수 없다는 점에서 인지 과제가 뇌에 기반을 둔 인지적 자원들에 의해 달성되도록 자연에 의해 설계되었다는 비판자들의 견해는 잘못이다. 클라크와 찰머스 역시 위의 비판에 대해 우연성 때문에 외적 자원들의 인지적 위상이 침해되는 것은 아니라고 대답한다. 왜냐하면 유기체와 환경적 자원은 하나의 인과적 결합 체계coupling system를 구성하고 그 체계에서 외적 자원들은 뇌의 내적 자원에 못지않게 능동적으로 인과적 역할을 수행하기 때문이다.[6] 따라서 결합 체계에서 발생하는 인지 과정의 요소는 그것의 장소, 즉 뇌의 내부와 외부와 관계없이 모두 인지적으로 간주되어야 한다.

Rupert, "Challenges to the Hypothesis of Extended Cognition," *Journal of Philosophy*, 2004 참조.

5   David E. Rumelhart, James L. McClland, and the PDP Research Group, *Parallel Distributed Processing: Explorations in the Microstructure of Cognition. Volume 1: Foundations*, 1986, pp. 44-48.

6   Any Clark and David Chalmers, "The Extended Mind", 1998, p. 9.

클라크와 찰머스는 확장된 인지 이론을 의미론적 외재주의 semantic externalism와 구별하기 위해 능동적 외재주의active externalism 라고 부른다. 의미론적 외재주의에 따르면, 단어들의 의미는 화자의 내적 표상 체계에 의해 결정되는 것이 아니라 부분적으로나 전체적으로 화자의 외부에 있는 요소들에 의해 결정된다. 예를 들어, 쌍둥이 지구에서 "물"이라는 단어의 지시체는 지구의 물(H_2O)은 아니지만 화학적 구조가 'XYZ'라는 점을 제외하고는 다른 모든 성질이 동일하다고 가정해 보자. 이 경우 지구인이 사용하는 '물'이라는 단어의 지시체는 'H_2O'이고 쌍둥이 지구인이 사용하는 '물'이라는 단어의 지시체는 'XYZ'이므로 지구와 쌍둥이 지구에서 "물"이라는 단어의 의미는 동일하지 않다. 이런 의미상의 차이는 화자의 심성 상태가 아니라 뇌의 외부적 요인 때문에 발생한다. 퍼트넘Hilary Putnam이 표현했듯이 "의미는 머릿속에 있는 것이 아니며", 외부 요소들에 의해 결정된다.

의미론적 외재주의는 의미 내용을 결정하는 데 한계가 있다. 지구인이 쌍둥이 지구를 방문하여 사용한 '물'이라는 단어는 'XYZ'가 아니라 여전히 'H_2O'를 지시한다는 점에서 외적 요소들은 현재의 인지 과정에서 능동적 역할을 하지 못한다. 즉, 의미론적 외재주의에서 외적 요소들은 단어의 의미를 결정하는 데 있어서 인과적으로 수동적 역할을 할 뿐이다. 이와 달리 능동적 외재주의는 의미가 내적인 표상 체계에 의해 결정되지 않는다고 주장한다는 점에서 의미론적 외재주의와 동일하지만, 두뇌 외부의 환경적 요소들도 의미 결정력을 갖는다고 인정한다는 점에서 그것과 차이가 난다.

우리는 지금까지 인지가 뇌와 몸의 경계를 벗어나 외부 대상들과 환경적 요소들로 확장될 수 있다는 것을 보았다. 인지가 확장 가능하다는 주장은 몇 가지 다른 방식으로 이해될 수 있다.

첫째, 우리는 확장된 인지 이론을 인식적으로 해석할 수 있다. 인식적 해석에 따르면 우리는 인지 과정이 처한 몸의 구조를 이해하지 않고서는 그 과정을 이해할 수 없다. 예를 들어 우리는 뇌에 두 귀가 연결되어 있고, 귀들은 서로 떨어져 있고, 소리가 각각의 귀에 도달하는 시간에는 아주 작은 차이가 있고, 이런 도착 시간의 차이는 소리 원천의 방향에 대한 정보를 전달한다는 점을 고려하지 않고서는 뇌가 어떻게 소리의 방향을 계산하는지를 이해할 수 없다. 확장된 인지 이론에 대한 인식적 해석은 인지 과정에 대한 전통적 견해와 많은 점을 공유할 수 있다. 인식론적 해석은 진정한 인지는 뇌 안에서 발생한다는 생각을 공유할 수 있다는 점에서 온건한 주장이다. 즉, 그 해석은 인지란 신경 표상의 변형으로 구성된다는 생각과 양립할 수 있고, 단지 그런 변형 과정들을 이해하기 위해서는 그것들이 처해 있는 몸의 구조를 이해해야 한다는 조건만을 부여하는 것으로 해석될 수 있다. 이렇게 보면 몸의 구조는 인지 과정들이 처해 있는 몸의 맥락을 제공하며, 인지 과정이 어떻게 작동하는지를 이해하기 위해 우리가 해야 할 일은 그 맥락을 이해하는 것이다. 그렇다고 해서 이 점이 인지와 그리고 인지가 처한 몸의 맥락 사이에 차이가 존재하지 않는다는 것을 의미하지는 않는다. 중요한 점은 여전히 그 가설에 대한 비판자들은 진정한 인지는 뇌 안에서 발생한다고 주장할 수 있고 그 주장은 확장된 인지 이론에 대한 인식적 해석과 양립 가능하다는 점이다.

둘째, 우리는 확장된 인지 이론을 존재론적 차원에서 인지 과정들이 몸의 구조에 의존하는 것을 강조하는 것으로 해석할 수 있다. 인지 과정들은 몸의 구조와 결합해서만 기능하도록 진화되었다는 의미에서 몸의 구조에 의존적이다. 주어진 인지 과제를 수행하는 데 사용되는 인지 과정들은 오직 적절한 몸의 구조와 결합해서만 가능하므로 몸의 구조가 없이는 그 과제들을 제대로 수행할 수 없다. 확장된 인지 이론에 대한 이런 존재론적 해석은 앞에서 살펴본 비판과 내용상으로 동일하다. 비판자들은 인지가 확장된다는 점을 인정하더라도 진정한 인지는 오직 뇌 안에서만 구현된다고 주장할 수 있다.

셋째, 우리는 확장된 인지 이론을 존재론적 구성constitution을 강조하는 주장으로 해석할 수 있다. 이런 존재론적 해석에 따르면, 인지 과정은 뇌에 구현된 구조나 기능에 국한되지 않으며 환경의 구조나 기능도 부분적으로 인지 과정을 구성한다. 확장된 인지 이론에 대한 셋째 해석만이 진정으로 인지와 마음을 뇌 안에 국한하는 물리주의에 도전한다는 점에서 그것은 가장 급진적 이론이다. 정리하면, 환경적 요소들이 인지적 요소가 될 수 있는 두 가지 존재론적 방식이 있다. 즉, 외적 대상들은 몸의 구조에 의존하는 방식으로 몸과의 결합을 통해 인지 요소가 되거나 그것들은 직접 인지 과정을 구성하는 요소가 될 수 있다.

기능주의와 확장된 마음

우리는 지금까지 인지의 확장에 초점을 맞추어 논의를 진행했는데 이 지점에서 다음과 같은 중요한 쟁점이 떠오른다. 인지가 뇌 외부로 확장 가능하다면 마음도 그처럼 확장될 수 있는가? 클라크와 찰머스는 이 질문에 대해 그렇다고 대답했다.

> 믿음에 관한 한, 두개골과 피부〔의 경계〕는 문제가 되지 않는다. 어떤 정보가 믿음이 되는 것은 그것이 차지하는 기능 때문이며, 연관된 기능이 오로지 몸 안에서만 수행되어야 할 어떤 이유도 없다.[7]

여기서 인지적 기능은 마음의 담지자를 판별하는 기준으로 작용하는데, 그것은 앞에서 검토한 인과적 결합을 기반으로 성립된다. 인지과학의 중요한 철학적 토대 중 하나는 기능주의functionalism이다. 클라크과 찰머스는 기능주의적 관점에서 믿음 간 인과적 관계와 그로 인한 기능의 동일성이 유지되는 한, 인지와 마음의 담지자를 반드시 타고난 몸에 제한할 필요가 없다고 본다. 기능주의를 지지하는 중요한 논거는 복수실현가능성 논제multiple realizability thesis인데, 그것에 따르면 심성 상태나 사건은 상이한 다양한 물리적 유형에서 실현될 수 있다. 예를 들어, 고통은 생물학적 뇌에서만 실현되는 것이 아니라 인간의 뇌와는 구별되는 물리

---

7 Any Clark and David Chalmers, "The Extended Mind", p. 14.

적 기반에서도 실현될 수 있다. 따라서 적절한 유형의 기능주의, 예를 들어 인과적 기능주의는 복수실현가능성 논제와 결합하여 동등성원리를 포함한 확장된 마음 이론을 함축한다.

- (인과적 기능주의 + 복수실현가능성 논제) → 확장된 마음 이론

우리는 여기서 체화된 마음이라는 연구 프로그램 내에 중요한 이질적 요소가 있다는 점을 발견하게 된다. 일반적으로 체화된 마음 이론은 문자 그대로 인지 과정에서 몸의 중요성을 강조한다. 체화된 마음 이론에 속하는 확장된 마음 이론 역시 구성성 버전이나 의존성 버전을 통해 신체적 요소가 인지 과정을 구성하는 요소가 될 수 있거나 인지 과정이 신체적 구조에 강하게 의존한다는 점을 주장한다. 이처럼 인지의 확장성이 강조되면 몸의 중요성은 이전과 비교해 상대적으로 낮아질 것이고, 복수실현가능성 논제가 확장된 마음 이론과 결합하면, 생물학적 몸은 더는 중요한 역할을 하지 못하게 된다. 물론 우리는 인지가 작용하려면 일정한 물리적 기반이 필요하다는 점을 부정할 수 없다. 그러나 여기서 필요한 것은 그것이 무엇이든 상관이 없는 모든 종류의 물리적 기반이며, 굳이 생물학적 몸이 요청되지는 않는다는 점이다. 이 점이 바로 확장된 마음 이론이 체화된 마음 이론의 다른 이론들과 충돌하는 부분이며, 그것은 다시 다른 '형제 이론들', 특히 내장된 인지 이론theory of embedded cognition이나 행화적 마음 이론 theory of enactive mind과 충돌한다.

이런 이유로 확장된 마음 이론에서 가정되는 확장성은 행화적 마음 이론과 강하게 대립할 수 있다.[8] 행화적 마음 이론의 지지자인 바렐라Francisco Varela-톰슨Evan Thompson-로쉬Eleanor Rosch에 따르면 우리의 지각은 본래적으로 행위 지향적이다. 그들은 순수 시각이 아니라 살아 있는 시각을 강조하면서도 살아 있는 시각 행위는 생명체와 환경과의 진화적 결합coupling으로 이해되어야 한다고 주장한다. 예를 들어, 꿀벌은 자외선에 높은 스펙트럼 강도를 갖는 삼차원의 색 요소를 갖고 있는 반면에 꽃은 자외선에 대한 반사 형태를 보여서 꽃의 색은 벌의 자외선에 민감한 삼원색 시각과 관련하여 진화한 결과이다.[9]

바렐라 등은 인지를 표상에 대한 계산으로 보는 인지주의cognitivism를 비판하면서 인지를 체화된 행동embodied action으로 볼 것을 주장한다.[10]

체화된 마음이라는 용어를 사용함으로써 우리는 두 가지를 강조한다. 첫째, 인지는 다양한 감각운동 능력들을 지닌 몸을 갖는 것으로부터 유래하는 경험의 종류에 의존한다. 둘째, 이러한 개별 감각

---

8 행화적 마음 이론은 바렐라-톰슨-로쉬(Varela, Thompson, Rosch, 1991)에 의해 분명한 이론으로 제시되었고, 그 이후 리건-노에(John Kevin O'regan and Alva Noë, 2001, 2002), 노에(Alva Noë, 2004), 톰슨(Evan Thompson, 2007), 후토-마인(Daniel Hutto and Erik Myin, 2012) 등에 의해 연구되고 있다.

9 Francisco Varela, Evan Thompson, and Eleanor Rosch, *The Embodied Mind*, 1991, MIT Press, p. 201.

10 Francisco Varela, Evan Thompson, and Eleanor Rosch, *The Embodied Mind*, p. 172.

운동 능력은 그 자체로 더 포괄적인 생물학적, 심리학적, 문화적 맥락에 내화되어 있다. **행위**라는 용어를 사용하여 우리는 다시 감각적이고 운동적인 과정들, 지각과 행위가 근본적으로 살아 있는 인지와 분리할 수 없다는 점을 강조한다.[11](원저자 강조)

인지가 체화된 행동이라면 몸을 벗어난 마음이 가능한가? 행화적 마음 이론의 중요한 철학적 토대는 현상학이다. 후설Edmund Husserl과 메를로-퐁티Maurice Merleau-Ponty의 현상학을 기본으로 하는 행화적 마음 이론과 기능주의를 기본으로 하는 확장된 마음 이론이 체화된 마음 이론이라는 지붕 아래에서 편안한 동거가 가능할지는 추후 검토되어야 할 문제이다.

나는 앞에서 구체적 논변 없이 인과적 기능주의와 복수실현가능성 논제가 결합하여 확장된 마음 이론을 함축할 수 있다고 주장했다. 만약 그 주장에서 함축된 확장된 마음 이론이 클라크와 찰머스의 이론이라면 우리는 여기서 그 이론을 정당화할 수 있는 한 가지 방안을 확인할 수 있다. 이와 관련하여 기능주의자들은 다음과 같은 입장을 취하고 있다.

- 기능주의는 확장된 마음 이론을 함축하지 않는다.
- 기능주의는 확장된 마음 이론을 함축한다.
- 기능주의는 확장된 마음 이론을 함축하지만 그것은 클라크와 찰

---

11 Francisco Varela, Evan Thompson, and Eleanor Rosch, *The Embodied Mind*, p. 173.

머스의 이론이 아니다.

　내장된 인지 이론의 지지자들(애덤스Fred Adams, 아이자와Ken
Aizawa, 루퍼트Robert Rupert 등)은 위의 선택지에서 첫째 입장을 지지
한다. 즉, 그들은 기능주의가 함축하는 것은 확장된 마음 이론이
아니라 내장된 마음 이론이라고 주장한다. 그런데 여기서 우리가
주의해야 할 점이 있는데 그것은 바로 첫째 입장과 셋째 입장은
아주 다른 입장으로 보이지만 실제로는 '적'이라기보다는 '동지'
라는 점이다. 그 이유는 "기능주의가 확장된 마음 이론을 함축하
지만 그것은 클라크와 찰머스의 이론이 아니다"라는 내용에서 그
첫 중간 부분을 삭제하면 "기능주의는 클라크와 찰머스의 이론을
함축하지 않는다"라는 주장이 되기 때문이다. 그러므로 결과적으
로 다음의 두 가지 입장이 남게 된다.

　　• 기능주의는 클라크와 찰머스의 이론을 함축한다.
　　• 기능주의는 클라크와 찰머스의 이론을 함축하지 않는다.

　이와 관련하여 스프레박Mark Sprevak은 기능주의는 확장된 마음
이론을 함축하지만 그것은 클라크와 찰머스의 이론이 아니라고
주장한다. 그에 따르면, 인과적 기능주의와 복수실현가능성 논제
로부터 함축되는 것은 클라크와 찰머스가 주장한 이론보다 더 급
진적인 이론이다. 그 결과 클라크와 찰머스의 확장된 마음 이론
은 그 정당성을 상실하게 된다. 스프레박이 이런 주장을 하게 된

것은 클라크와 찰머스가 자신들의 이론을 좀 더 온건하고 실제적인 입장으로 만들기 위해서 다음과 같은 제안을 하기 때문이다.[12]

- 외적 자원은 신빙성 있게 이용 가능해야 하고 전형적으로 지칭되어야 한다.
- 그렇게 추출된 정보는 어느 정도 자동으로 보증이 되어야 한다. 즉, 그것은 일반적으로 비판적 검토가 필요하지 않아야 한다. 그것은 생물학적 기억으로부터 분명히 추출된 것만큼이나 믿을 만한 것으로 여겨져야 한다.
- 외적 자원에 포함된 정보는 필요할 때 쉽게 접근할 수 있어야 한다.

스프레박에 따르면 클라크와 찰머스의 시도는 결과적으로 그들의 이론이 기능주의로부터 함축될 수 없는 상황을 연출한다.[13] 이로부터 클라크와 찰머스의 확장된 마음 이론은 확장성에 어떤 제한을 두지 않은 급진적 이론이든가 아니면 현실적으로 충족될 수 없는 조건들을 전제하는 비현실적 이론이라는 결론이 나온다. 전자의 경우에는 클라크와 찰머스의 확장된 마음 이론은 인과적 기능주의와 복수실현가능성 논제로부터 함축되기 때문에 정당성을 확보하지만, 후자의 경우에는 그런 함축이 성립되지 않으므로 기능주의로부터 정당성을 찾기 어렵게 된다. 이제 클라크와 찰머

---

12 Any Clark and David Chalmers, "The Extended Mind", 1998, p. 17.

13 Mark Sprevak, "Extended Cognition and Functionalism", *Journal of Philosophy*, 2009,

스가 주장하는 구성성을 강조하는 확장된 마음 이론의 지지자들은 다른 곳으로부터 이론적 정당화를 추구해야 하는 부담을 안게 되는데, 과연 그것이 가능한지, 가능하다면 어디서 그것을 찾을 수 있는지가 그들에게 남겨진 과제이다.

인지와 마음

인간의 인지적 환경을 구성하는 대상들은 실로 다양하다. 우리는 앞에서 구성성에 초점을 둔 확장된 마음 이론을 통해 인지가 환경으로 확장될 수 있다는 주장을 검토했다. 여기서 인지가 환경적 자원과 구조에서 어떤 방식으로 구체적으로 확장되느냐는 새로운 질문이 제기된다. 이런 새로운 질문에 대한 한 가지 대답이 분산된 인지 이론distributed cognition theory인데, 그 이론에 따르면 인지는 외적 대상들에 분산되는 방식으로 확장된다.

인지가 분산되는 방식을 보기 위해 허친스Edwin Hutchins가 제시한 예를 살펴보자. 허친스는 증기선인 미 해군 군함U.S.S. Palau에 탑승하여 조사한 결과를 토대로 군함을 효율적으로 조종하는 인지 과정은 군함의 승무원들만이 아니라 인공물에도 분산되어 있다고 주장한다. 그에 따르면 군함과 승무원들, 항해 도구들, 해군 특유의 체제는 하나의 복합적 인지 체계를 형성한다. 승무원들은

pp. 514-516.

그런 복합적 체계의 요소이며, 그 누구도 주어진 인지 과제를 달성하기 위해 수행되어야 할 모든 일을 수행할 수는 없다.[14] 예를 들어, 군함이 좁은 해협을 통과할 때 군함의 양 현에서는 수병들이 육지에 있는 표적의 전륜나침판gyrocompass에 대한 상대 방위각을 기록하고, 그 기록들은 함교로 전달되어 항법사에 의해 특수 수로도에서 결합된다. 그러므로 군함에서의 인지 과정은 승무원들의 마음에 있는 것이 아니라 승무원과 인공물 사이에 분산되어 있다. 전통적 입장에 따르면 항해 도구들과 수로특수도 등은 인지 보조물에 불과하지만 분산된 인지 이론에 따르면 그것들은 분산된 인지 과정의 부분들이다.[15]

분산된 인지 이론은 인지가 뇌에만 있는 것이 아니라 몸과 외적 환경에 분산되어 있다고 주장한다. 그렇다면 그 주장은 마음에도 적용될 수 있는가? 인지 또는 마음이 외적 대상에 분산될 수 있다고 하더라고 어디까지 분산될 수 있는가? 인지 또는 마음이 외적 환경으로 분산 가능하다면 환경에 속한 다양한 대상들이 마음의 담지자가 될 수 있는데, 그렇다면 연필이나 진공청소기도 마음이 분산되는 요소가 될 수 있는가? 이런 질문들과 관련하여 다음의 세 가지 입장이 제안되었다.

---

14 Edwin Hutchins, *Cognition in the Wild*, MIT Press, 1995. 2장 참조.
15 허친스는 '분산된 기억'을 언급했다. 그에 따르면 과제에 적합한 정보들은 체계의 많은 표상에 존재하고 그러한 표상 중 일부는 참여자들의 마음에 있다. Edwin Hutchins, *Cognition in the Wild*, p. 220 참조.

- 인지적 결과물을 산출하는 인지 체계를 구성하는 모든 요소는 인지 담지자가 될 수 있다(Andy Clark, Edwin Hutchins).
- 최종적으로 인지적 결과를 산출하는 요소들만이 인지 담지자이다(Karin Knorr-Cetina).
- 인지 체계의 결과에 영향을 미칠 수 있는 체계만이 인지 담지가 될 수 있다(Ronald N. Giere).

위의 입장 중 기어리Ronald N. Giere의 입장을 살펴보기로 하자. 기어리는 인지 담지자를 구획하는 문제와 관련하여 인지 작업의 수행과 관련된 두 체계를 구별한다. 첫째는 컴퓨터와 같이 인지 체계의 결과에 영향을 미칠 수 있는 체계이고, 둘째는 전기와 같이 인지 체계가 결과를 산출할 수 있도록 도움을 주는 체계이다.[16] 기어리에 따르면 인지는 오직 첫째 종류의 체계에만 분산될 수 있다.[17] 예를 들어, 나의 논문을 외국 대학에 근무하는 친구에게 이메일을 통해 보내서 교정을 부탁했고, 친구의 교정 파일이 나에게 도착했을 때 나의 인지 체계는 친구의 컴퓨터로 분산되었다. 기어리에 따르면 인지 체계가 산출한 결과에 영향을 미칠 수 있는 모든 체계는 인지 담지자가 될 수 있으므로 인지는 인지적

16　Ronald N. Giere, "Scientific Cognition as Distributed Cognition", *The Cognitive Basis of Science*, Cambridge University Press, 2002, p. 294.

17　"인지 체계의 결과물에 영향을 미칠 수 있는 체계"라는 표현은 애매하다. 특히 '영향'이라는 개념이 그러하다. 인지 결과에 대한 영향은 형식적 영향, 의미론적 영향, 물리적 변형 등으로 다양하게 이해될 수 있다. 기어리는 이 점을 분명히 밝히지 않았지만 나는 이 글에서 의미론적 영향으로 이해한다.

결과의 내용을 변형할 수 있도록 고안된 대상에도 분산 가능할 것이다. 그러나 기어리가 제시한 기준은 인지의 담지자를 구별하는 데 한계가 있다. 왜냐하면 그의 기준에 따르면 위의 예에서 나의 논문이 전송되는 동안 전기의 전압이 불규칙해져서 논문 일부가 물리적으로 변형된 경우를 컴퓨터에 의한 변형의 경우와 어떻게 구별될 수 있는지가 분명치 않기 때문이다. 기어리의 기준을 클라크와 찰머스의 기준과 비교해 보자. 클라크와 찰머스의 동등 성원리에 따르면, 이 경우 나의 컴퓨터는 인지 체계의 부분이 될 수 있지만 전기는 그것이 우리의 머릿속에서 작동할 때 인지 과정으로 작동할 수 있는 경우를 상상할 수 없으므로 (그 경우 정상적인 인간의 뇌는 파괴될 것이므로) 인지 체계의 부분이 될 수 없다. 기어리의 기준은 인지 상태와 과정을 구획하는 데 있어서 의미론적 요소를 강조한다. 그러나 그런 의미론적 요소가 물리적 요소와 어떤 관계를 갖는지에 대한 설명이 제시되지 않는 한, 기어리의 기준은 인지 담지자를 구별하는 데 도움이 되지 않는다.

우리의 논의를 분산된 인지와 분산된 마음의 관계로 돌려 보자. 허친스에 따르면 분산 개념은 인지뿐만 아니라 마음에도 적용된다. 허친스는 "마음은 몸을 넘어서 확장될 수 있다"라고 주장함으로써 분산을 확장의 방식으로 이해하고 있다. 항법사와 그의 조수들이 여러 가지 육지 표적 중 어떤 것을 다음 표적으로 사용할지를 결정할 때 특수수로도에서 그들의 마음이 작동하고 있다는 것이다. 그들이 내린 결정은 단순히 그들의 머릿속에서만 내려지는 것이 아니라 특수수로도상에서 내려지기 때문에 특수수로도는 인지의 담지자가 될 수 있다. 이와 대조적으로 기어리는 분산된 마음이라는 개념은 성립하지 않는다고 주장하면서 행위자 개념을 전체로서의 인지 체계로 확장하려는 시도를 비판한다. 기어리에 따르면 인지는 마음을 갖는 존재에만 국한되어 적용될 필요는 없지만, 그렇다고 해서 마음이 인간의 몸 밖으로 분산될 수는 없다. 기어리는 자신의 주장을 뒷받침하기 위해 마음, 의식, 지향성과 같은 개념들을 인간과 인공물을 포함하는 확장된 실재나 무생물인 실재에 적용하는 것은 '고차원적 해석'의 문제라고 주장한다.[18] 그는 마음을 비생명체에 적용하는 데 있어서 관련된 해석은 과학적 연구에 전혀 도움을 주지 못하고 혼란만을 일으킬 것이라고 지적한다.[19] 우리는 여기서 허친스가 주장하듯이 인지뿐만 아니라 마음도 외적 대상에 분산될 수 있는지, 아니면 기어리가 주장하듯 인지의 분산 또는 확장을 인정하더라도 마음은 그렇지 못하다고 보아야 할 것인지의 문제가 기능적 관점과 해석학적 관점의 대립으로 이어지고 있음을 보게 된다. 이런 결과는 그 문제가 인간을 어떻게 보아야 할 것인가라는 보다 상위의 문제와 직결되어 있기 때문에 발생한다. 확장된 마음 이론이 어떤 방식으로 이 문제를 해결해 나갈 것인지는 그 이론의 발전과 완성을

---

[18] Ronald N. Giere, "Distributed Cognition without Distributed Knowing", *Social Epistemology* 21, 2007, pp. 316–318.

[19] 기어리는 이 경우에 관한 사례를 제공하지 않았지만, 그의 비판은 Maxwell R. Bennett and Peter M. S. Hacker, *Philosophical Foundations of Neuroscience*, Hoboken: Blackwell, 2003가 신경과학자들이 의식과 마음을 뇌 전체가 아니라 부분에 부여하는 오류를 범하고 있다고 주장하는 것과 통일한 맥락에 있다.

위해 중요한 과제이다.

매체로서의 기술

이제 지금까지의 논의를 바탕으로 아이디가 제시한 주체-기술-세계의 관계를 확장된 인지의 관점에서 검토해 보기로 하자. 기술에 대한 아이디의 분석은 현상학적이지만 확장된 인지 이론은 분석철학적 전통에 속하므로 그것들은 다소 이질적 관계에 있다. 그런데도 우리가 전자를 후자의 관점에서 분석할 수 있는 것은 그 양자가 삶의 기술로서의 매체 개념을 공유하고 있기 때문이다. 기술로서의 매체 개념을 아이디가 제시한 네 가지 유형에 적용하고 '주체-기술-세계' 관계에서 '기술'을 '매체'로 대체하면 다음의 관계들이 성립한다.

- 체화 관계: (주체 – 매체)→세계
- 해석학적 관계: 주체→(매체 – 세계)
- 타자 관계: 주체→매체 – (세계)
- 배경 관계: 주체→(매체) – 세계

첫째, 체화 관계는 확장된 인지 이론에 가장 잘 부합하는 관계이다. 여기서 '체화'는 기술로서의 매체의 체화를 의미하는데 그 체화의 양상이 바로 의존성과 구성성이다. 앞에서 살펴본 오토의 노트는 오토의 신체적 결함을 극복하고 그의 기억 능력을 매체로 확장한 예에 해당한다.

둘째, 해석학적 관계에서는 인지의 확장이 해석 작업을 통하여 가능해진다. 허블망원경 체계Hubble Telescope system를 생각해 보자. 허블망원경 체계는 지구에서 약 300킬로미터 떨어진 궤도 위에 설치된 허블망원경에서 미국 메릴랜드주에 소재한 '우주망원경 과학연구소'에 걸쳐 있다. 2003년 허블망원경 체계는 우주의 나이가 130억 년 정도라는 것을 보여 주는 이미지를 생성했는데 그 이미지는 지구로부터 약 22억 광년 떨어져 있는 아벨 1699라는 은하를 중력렌즈로 관찰하여 만들어졌다. 과학자들이 허블망원경 체계가 생성한 이미지로부터 우주의 나이를 계산하는 과정에는 다양한 해석 작업이 포함된다. 여기서 중요한 것은 만약 적절한 해석 작업이 성공적으로 수행되면 매체를 통한 자료는 특정한 의미를 갖게 된다는 점이다. 여기서 어디에 인지의 확장이 있었는가? 이 경우에는 한 개인의 인지 확장이 아니라 그 연구에 참여한 과학자와 기술자로 구성된 집단에서 인지의 확장이 일어났다.

셋째, 타자 관계에서는 앞에서 언급했듯이 기술의 타자성과 자율성이 성립한다. 타자 관계는 공상과학영화의 단골 주제였다. 예를 들어, 영화 〈아이, 로봇〉(2004)에서는 생각할 수 있고 자유의지를 가진 로봇이 등장하고 영화 〈A.I.〉(2001)에서는 감정 처리가 가능한 로봇이 등장한다. 우리가 인간처럼 생각할 수 있고 인간처럼 감정을 느끼는 로봇과 같이 생활하는 날이 온다면 그런 세계에서 인간 인지의 확장은 인간과 기계의 공진화共進化를 통하여 가능할 것이다. 이제 인지의 구성 요소가 되는 대상들은 컴퓨터와 스마트폰과 같은 무생물이 아니라 '인간을 닮은 존재들'이기 때문에 인간에서 그런 대상들로의 일방적 확장은 불가능하다고 보아야 할 것이다. 여기에 로봇 윤리를 고려할 필요성이 발생한다.

넷째, 배경 관계에서는 인지의 확장이 가장 쉽게 일어날 수 있다. 온갖 정보통신 도구와 서비스가 제공되는 스마트 빌딩에 있는 사무실에서는 그렇지 못한 건물에 있는 사무실에서보다 더 쉽게 효율적으로 인지의 확장이 발생할 수 있다.

이 글에서 다루어지지는 않았지만 추후 논의가 필요한 주제들이 있다. 첫째, 나는 주체의 활동을 인지에 국한하여 논의를 진행했지만, 주체는 인지-주체일 뿐만 아니라 몸을 통하여 세계와 조우한다는 점에서 몸-주체이기도 하다는 점이다(메를로-퐁티). 둘째, 나는 주로 인지의 확장만을 논의했지만, 기술에 의한 인지의 확장은 마음의 확장뿐만 아니라 자아 개념의 변화와 확장을 동반한다는 점이다(셰리 터클Sherry Turkle). 기술로서의 매체의 발달이 인지의 확장에 결정적인 영향을 미치지만 그 효과는 몸을 매체로 하여 나타난다는 점에서 재귀적 과정이며, 그 과정은 다시 외부 대상들과의 결합을 통한 마음의 확장과 자아의 확장을 동반한다는 점에서 인간과 기계의 공진화적 과정이라는 특징을 갖는다.

참고문헌

이정모, 《인지과학: 과거-현재-미래》, 학지사, 2010.

신상규, 〈확장된 마음과 동등성 원리〉, 《철학적 분석》 23, 2011, 83~108쪽.

윤보석, 〈확장된 마음, 동등성 원리 그리고 기능주의〉, 《철학적 분석》 24, 2011, 143~168쪽.

이영의, 〈확장된 마음 이론의 쟁점들〉, 《철학논집》 31, 2012, 29~54쪽.

_____, 〈체화된 인지의 개념 지도: 두뇌의 경계를 넘어서〉, 《Trans-Humanities》 8(2), 2015, 101~139쪽.

_____, "Can Scientific Cognition be Distributed?" *Annals of the Japan Association for Philosophy of Science* 27, pp. 29-37.

Adams, F. and Aizawa, K. *The Bounds of Cognition*, Hoboken, NJ: Blackwell, 2008.

Bennett, M. R. and Hacker, P. M. S., *Philosophical Foundations of Neuroscience*, Hoboken, NJ: Blackwell, 2003.

Brooks, R. A., *Flesh and Machines: How Robots Will Change Us*, New York: Pantheon Books, 2002.

Clancey, W., *Situated Cognition: On Human Knowledge and Computer Representations*, London: Cambridge University Press, 1997.

Clark, A. and Chalmers, D., "The Extended Mind", *Analysis* 58, 1998, pp. 7-19.

Clark, A., *Natural-Born Cyborgs: Minds, Technologies, and the Future of Human Intelligence*, Oxford: Oxford University Press, 2003.

_____, *Supersizing the Mind: Embodiment, Action, and Cognitive Extension*, Oxford: Oxford University Press, 2008.

Giere, R., "Scientific Cognition as Distributed Cognition," in P. Carruthers, S. Stich, and M. Siegel eds., *The Cognitive Basis of Science*, Cambridge: Cambridge University Press, 2002, pp. 285-299.

_____, "Distributed Cognition without Distributed Knowing". *Social*

Epistemology 21, 2007, pp. 313-320.

Hutchins, E., *Cognition in the Wild*, Cambridge, MA: MIT Press, 1995.

Hutto, D. and Myin E., *Radicalizing Enactivism: Basic Minds without Content*. Cambridge, MA: MIT Press, 2012.

Ihde, D., *Technics and Praxis, Boston Studies in the Philosophy of Science*, vol. 24. Dordrecht, Holland: D. Reidel, 1979.

_____, *Technology and the Lifeworld. Indiana Series in the Philosophy of Technology*, Bloomington, IN: Indiana University Press, 1990.

Knorr-Cetina, K., *Epistemic Cultures*, Cambridge, MA: Harvard University Press, 1999.

Kurzweil, R., *The Singularity is Near: When Humans Transcend Biology*, London: Penguin Books, 2005.

Lakoff, G., and Johnson, M., *Philosophy in the Flesh: The Embodied Mind and Its Challenge to Western Thought*, New York: Basic Books, 1999.

Laurel, B., *Computer as Theatre*, Boston, MA: Addison-Wesley, 1991.

McLuhan, M., *Understanding Media: The Extensions of Man*. New York: Routledge & Kegan Paul, 1964.

Menary, R., *The Extended Mind*, Cambridge, MA: MIT Press, 2010.

Merleau-Ponty, M., *Phenomenology of Perception*, New York: Routledge & Keegan Paul, 1945/1962.

Noë, A., *Action in Perception*, Cambridge, MA: MIT Press, 2004.

Putnam, H., "The Meaning of 'Meaning'," in *Language, Mind, and Kknowledge. Minnesota Studies in the Philosophy of Science*, Volume 7, Minneapolis, MN: University of Minnesota Press, 1975, pp. 131-193.

Rowlands, M., *The New Science of the Mind*, Cambridge, MA: MIT Press, 2010.

Rumelhart, D. E., McClelland, J. L., and the PDP Research Group, *Parallel Distributed Processing: Explorations in the Microstructure of Cognition, Vol. 1: Foundations*, Cambridge, MA: MIT Press, 1986.

Rupert, R., "Challenges to the Hypothesis of Extended Cognition," *Journal of Philosophy* 101, 2004, pp. 389-428.

Turkle, S., *The Second Self*, 20th Anniversary edition, Cambridge, MA: MIT Press, 2005.

Varela, F., Thompson, E. and Rosch, E., *The Embodied Mind*, Cambridge, MA: MIT Press, 1991.

Sprevak, M. "Extended Cognition and Functionalism", *Journal of Philosophy*, 106, 2009, pp. 503–527.

루만의 매체이론을 통해 본 디지털 시대의 매체 간 긴장

사랑, 화폐, 법과 전자매체의 긴장을 중심으로

정성훈

이 글은 정성훈, 〈디지털 시대, 확산매체와 성공매체 사이의 긴장〉, 《인문학연구》 제51집, 조선대학교 인문학연구원, 2016을 수정, 보완한 것이다.

디지털 시대의 매체 논의를 확장하기 위하여

나는 세계와 직접 만날 수 없다. 나는 빛을 통해 세계를 보고, 진동하는 공기층을 통해 세계를 들으며, 전자기장을 통해 세계를 느낀다. 나는 타인 및 타인 고유의 세계에 직접 다가갈 수 없다. 그들과 커뮤니케이션하기 위해 나는 빛, 공기, 전자기장 등 일차적인 지각 매체뿐 아니라 그것들과 의미가 결합된 이차적인 매체, 즉 말, 글, 책, 라디오, TV, 인터넷 컴퓨터 등의 커뮤니케이션 매체를 필요로 한다. 또한 커뮤니케이션을 성공적으로 이어 나가기 위해 때로는 화폐, 권력, 진리, 사랑, 신뢰, 예술작품 등의 도움을 받아야 한다.

그래서 매체의 발전 혹은 새로운 매체의 등장은 내가 세계와 만나는 방식 혹은 타인과 교류하는 방식을 변화시킨다. 이 글은 인간의 지각 세계와 커뮤니케이션 방식을 급격하게 바꾸어 놓은 디지털 전자매체가 '현대적^{modern}'이라고 불리는 사회구조 혹은 사회문화에 미치고 있는 영향을 살펴보고자 한다.

20세기 초중반 동영상과 텔레비전이 대중화되던 시기에 이미 인쇄와 글쓰기의 종말에 관한 예언들이 있었다. 21세기 초에 책이 휴대용 컴퓨터의 화면으로 옮겨지고 편지가 휴대폰의 문자메시지로 옮겨지면서 그 예언들은 조금 다른 방식으로 현실화되고 있다. 글쓰기와 읽기라는 인쇄 시대의 주된 커뮤니케이션 방식은 여전히 널리 사용되고 있다. 하지만 그것은 인쇄나 필기를 거치지 않게 되면서 일직선적 형태를 탈피하고 있다. 워드프로세서의 글쓰기와 문자메시지 작성은 손쉬운 중간 삽입과 순서 바꾸기를 가능하게 함으로써 공간적 순서와 시간적 순서 사이의 연관성을 추정할 수 없게 만든다. 파워포인트와 프레지 등으로 화면에 표현되는 글은 이제 그림과의 경계가 점차 모호해지고 있으며, 움직이는 이미지는 물론 소리와도 뒤섞여 수신자에게 통지된다. 여전히 서적 인쇄가 이루어지고 있지만 원고 분량이 적어지고 글자 크기가 커진다. 그리고 잘 팔리는 책에 담긴 글의 내용은 글이라는 매체에 의해서만 가능했던 추상 세계로부터 벗어나 쉽게 이미지화될 수 있는 것들로 바뀌고 있다. 전자펜을 갖다 대면 글을 읽어 주는 동화책도 널리 팔리고 있다.

월터 J. 옹Walter J. Ong은《구술문화와 문자문화》에서 글이라는 매체가 구어 사용의 규칙과 관습들을 크게 바꾸어 놓았음을 지적했다. 이제 우리는 디지털 전자매체가 글과 인쇄의 성격을 바꾸어 놓고 있는 과정을 목격하고 있다.

책을 통해 자기 고유의 역사를 구축해 온 인문학이 이러한 매체 전환에 관심을 기울이는 것은 어쩌면 당연한 일이다. 세계 어느 곳보다 디지털 멀티 전자매체의 보급률이 높은 한국에서 인문학자들은 더더욱 높은 관심을 가질 수밖에 없다. 그래서인지 매클루언Marshall McLuhan, 플루서Vilém Flusser, 볼츠Norbert Bolz 등 인쇄와 글쓰기 이후의 시대를 예견했던 여러 매체이론가들에 대한 인용이 최근 한국의 인문학 저술들에서 자주 발견된다.

그런데 한국의 매체인문학 연구 성과들을 보면 말, 글, 인쇄, 그림, 동영상, 텔레비전, 컴퓨터, 스마트폰 등 주로 커뮤니케이션학을 통해 연구되어 온 매체에 관한 것이다. 니클라스 루만Niklas Luhmann이 '확산매체Verbreitungsmedien'로 분류하는 매체에 관해서는 비교적 활발한 연구가 이루어지고 있는 것이다. 하지만 사회학이 전통적으로 다루어 왔던 매체, 루만이 '성공매체Erfolgsmedien'로 분류하는 매체인 화폐, 권력, 진리, 사랑, 신뢰 등에 관한 연구는 희소하거나 확산매체와 무관하게 논의되고 있는 것으로 보인다.

물론 최근의 관심은 이른바 '뉴미디어' 혹은 '디지털 미디어'라 불리는 매체의 기술공학적 발전에 의해 촉발되었다. 그럼에도 확산매체에 관한 연구만으로 우리가 구텐베르크 은하계 이후의 사회를 그려 보기는 어렵다. 매클루언은 비문자 사회의 청각 중심 문화와 인쇄 시대의 시각 중심 문화를 넘어서 전자매체에 의해 이루어질 "5개 감각들 간의 균형된 상호작용"과 "지구촌"을 긍정적으로 보았다.[1] 플루서는 담론discourse과 대화dialogue가 균형을 이루어 노동에서 놀이로의 전환을 가능하게 하는 "텔레마틱 사회"를 낙관적으로 보았다.[2] 하지만 이런 전망들은 성공매체에 의해 사회의 '기능적 분화functional differentiation'가 촉진되면서 생겨난 현대사회의 구조를 함께 고려하지 않으면 설득력을 갖기 어렵다.

루만이 지적했듯이, 서적 인쇄가 이차 관찰second-order observation로서의 '비판Kritik'을 촉진했다는 것, 그리고 이런 매체 전환이 사회구조의 변화를 이끈 중요한 동인이었다는 것은 분명하다. 하지

---

1 마셜 맥루한,《구텐베르크 은하계》, 임상원 옮김, 커뮤니케이션북스, 2001, 63~69쪽.
2 김성재,《플루서, 미디어 현상학》, 커뮤니케이션북스, 2013, 77~87쪽.

만 인쇄 기술이 먼저 발전한 곳에서 현대화가 빨리 달성된 것은 아니다. 기술 수준에서는 중국과 한국이 서양에 앞서 있었다. 하지만 인쇄가 도서 시장과 독서 공중을 형성해 사회의 기능적 분화를 촉진한 곳은 유럽이었다.[3] 그래서 우리는 전자매체 기술이 지금과는 다른 사회로의 이행을 보장할 것이라거나 그 사회의 성격을 결정할 것이라고 쉽사리 예견해서는 안 된다.

지금 우선 필요한 일은 매체에 관한 논의의 시각을 확장하는 것이다. 그리고 모호하게 쓰이고 있는 매체 개념을 명확히 해야 하며, 매체 분류 또한 엄밀해져야 한다. 특히 내가 강조할 것은 커뮤니케이션의 확산매체와 성공매체를 구별해야 한다는 것, 그리고 오늘날 이 두 종류의 매체 사이에서 일어나고 있는 긴장에 주목해야 한다는 것이다. 현대사회의 구조를 허물지도 모르는 새로운 확산매체와 현대사회의 구조를 지탱해 온 오래된 성공매체 사이의 긴장은 지금 일어나고 있는 변화를 파악하는 데 큰 도움을 줄 것이기 때문이다.

이를 위해 나는 우선 루만의 매체이론을 소개할 것이다. 루만은 매체와 형식의 구별을 통해 매체 개념을 명확히 정식화하였으며, 각 매체를 그 매체를 통해 세계를 여는 체계들과의 관련 속에서 고찰했다. 무엇보다도 커뮤니케이션 매체를 확산매체와 성공

---

3 Niklas Luhmann, *Die Gesellschaft der Gesellschaft*, Frankfurt/M.: Suhrkamp, 1997, p. 292; 니클라스 루만,《사회의 사회》, 장춘익 옮김, 새물결, 2014, 346쪽. 가장 자주 인용될 책이기 때문에 이하에서는 'GdG'와 '사사'로 각각 약칭한다.

매체로 분류하였다. 그리고 나는 루만의 매체이론을 참조하여 전자매체 등장 이후의 새로운 확산매체 기술이 성공매체와 어떤 긴장 관계에 놓여 있는지를 사랑, 화폐, 법의 세 가지 사례를 중심으로 살펴볼 것이다.

루만 매체이론 개요

체계이론에서 출발한 루만에게는 1980년대 중반까지 뚜렷하게 정식화된 매체 개념과 그에 따른 일반 매체이론이 없었다. 그의 개념 목록의 한편에는 후설Edmund Husserl의 현상학을 참조해 사회적 체계들의 기본 개념으로 받아들인 '의미Sinn'가 있었고, 다른 한편에는 파슨스Talcott Parsons 사회학의 '상징적으로 일반화된 교환 매체'를 변형해 받아들인 '상징적으로 일반화된 커뮤니케이션 매체'가 있었다.

　루만은 1980년대 중반 이후 프리츠 하이더Fritz Heider의 매체이론을 수용하기 시작한다.[4] 그리고 1990년 출간 저작 《사회의 과학》에서 "매체Medium와 형식Form의 구별"을 전면적으로 도입한다.[5] 그에 따라 매체는 유기체들, 심리적 체계들, 사회적 체계들 등 체

4　Mario Grizelj, "Medien", Oliver Jahraus and Armin Nassehi(ed.), *Luhmann Handbuch*, J. B. Metzler, 2012, p. 100.

5　Niklas Luhmann, *Die Wissenshaft der Gesellschaft*, Frankfurt/M.: Suhrkamp, 1990, p.182.

계이론이 다루어 온 여러 층위의 체계에서 요소들의 결합을 설명하는 하나의 기본 개념으로 자리 잡는다. 빛·공기·전자기장 등 유기체의 지각 매체, 심리적 체계들과 사회적 체계들의 공진화 매체인 의미, 커뮤니케이션의 기본 매체인 말, 커뮤니케이션의 확산매체인 글·서적 인쇄·전자매체, 그리고 화폐·권력·진리·사랑 등 상징적으로 일반화된 커뮤니케이션 매체 등이 모두 '매체'라는 하나의 일반적 개념으로 묶이게 된다.

루만의 매체 개념이 가진 특징은 매체가 형식과의 구별에 의해 성립한다는 것, 그리고 매체와 형식은 모두 특정 체계의 요소들이 결합된 상태라는 것이다. 그리고 후자의 특징으로부터 따라나오는 특징은 매체와 형식의 구별이 체계 내부적 사태이기 때문에 매체는 그런 구별로 작동하는 체계와의 관련 속에서만 성립한다는 것이다.

루만은 1926년에 나온 이후 오랫동안 다른 매체이론가들에게 별로 주목받지 못했던 하이더의 논문으로부터 이 구별을 착안했다. 루만과 달리 전통적인 인식론의 주체/객체 구별법을 사용하면서 주로 지각에 관심을 가졌던 하이더는 "우리는 에테르를 통해 먼 별을 보고, 우리는 공기를 통해 종소리를 듣고, 우리는 기압계에서 공기의 압력을 읽어 내고"[6] 등의 사례를 통해 매개하는 것과 매개되는 것의 차이 혹은 매체와 사물의 차이를 탐구했다. 그는 우리가 우리의 눈을 건드리는 빛의 파동을 보는 것이 아니라

---

6   Fritz Heider, *Ding und Medium*, Kadmos: Berlin, 2005, p. 23.

오히려 직접 대상을 본다는 것에 주목했다. 그리고 빛의 파동과 같이 우리 감각기관을 건드리는 "매체 진행과정Mediumvorgänge"과 그가 "잘못된 통일성" 혹은 "엄격한 질서"라고 부르는 것들을 구별했다.[7]

하이더의 매체/사물 구별은 루만에 의해 매체/형식 구별로 변환된다. 루만은 매체/형식 구별을 "느슨하게 결합된 요소들과 엄격하게 결합된 요소들"(GdG 196: 사사 236)이라는 하나의 형식으로 규정한다. 루만에게 형식이란 구별되는 뚜렷한 두 항을 갖는 것이다. 따라서 매체/형식 구별은 다시 하나의 형식이 된다. 이 정식화는 하이더의 구별에 함축되어 있는 주체/객체 관계, 즉 주체가 객체를 인지하는 설정에서 벗어나는 것이다. 루만은 요소를 세계 그 자체의 객관적 최종 단위로 간주하는 것이 아니라 각각의 체계마다 다르게 규정되는 것으로 본다. 그리고 요소들이 자기지시적으로 재생산되는 연결망이 곧 체계이다. 그래서 매체와 형식의 구별은 체계의 환경에 있는 물리화학적 질서를 인프라로 삼긴 하지만 그 자체로는 "체계 내부적 사태"이다. 따라서 체계의 요소들이 느슨하게 결합되어 있는지 아니면 엄격하게 결합되어 있는지는 환경에 의해 결정되는 것이 아니라 오직 체계 자신의 작동 과정에서 결정된다. 즉, 매체와 형식의 구별은 요소들의 자기지시적 재생산 과정에서 결정된다.

이런 의미에서 루만은 매체/형식 구별이 환경의 물리적 사태

---

7 Fritz Heider, *Ding und Medium*, pp. 46-47.

들을 체계 안에서 '재현'하지 않는다는 점을 강조한다. 예를 들어, 빛은 물리학적 개념이 아니라 유기체의 지각 매체일 뿐이다. 그리고 지각 매체가 의미와의 구별을 통해 형성된 새로운 차원의 매체인 말, 글, 전자매체 등의 매체를 사용하는 커뮤니케이션 체계는 결코 빛을 매체로 사물들을 지각할 수 없다. 반면에 심리적 체계들과 커뮤니케이션 체계들의 공진화 매체인 의미는 결코 유기체에서는 매체가 아니다. 몸 그 자체는 아름답다거나 누구를 닮았다거나 하는 의미가 없다. 몸에 그런 의미를 부여하면서 비교하는 것은 의식작용이나 커뮤니케이션이다.

그러면 매체와 형식의 구별이 체계들의 작동 과정에서, 즉 체계들의 자기생산Autopoiesis에서 어떤 기능을 하는지 살펴보자. 루만의 체계이론에서 체계들이란 어떤 정적인 실체들이 아니라 끊임없이 생겼다가 사라지는 요소들의 자기지시self-reference에 의해 성립되는 연결망이다. 따라서 체계는 요소들 간의 연결이 이루어지지 않으면 더 이상 체계가 아니다. 예를 들어, 세포들의 자기증식이 계속되지 않으면, 그리고 새로 생겨나는 세포들이 더 이상 사라지는 세포들을 자기지시하지 않으면, 세포들을 요소로 하는 유기체의 생명은 멈춘다.

루만은 이러한 자기지시적-자기생산적 체계들에 관한 이론을 인간의 의식인 심리적 체계들로 확장할 뿐 아니라 커뮤니케이션을 요소로 삼는 사회적 체계들에게도 적용한다. 그래서 심리적 체계들은 생각 혹은 의식작용이라는 요소들의 자기생산으로, 그리고 사회적 체계들은 커뮤니케이션이라는 요소들의 자기생산으로 파악된다.

　루만은 커뮤니케이션이 커뮤니케이션에 연결되는 것이 임의적이고 우발적으로 일어날 수는 없다고 말한다. 임의적이고 우발적이라면 "커뮤니케이션이 커뮤니케이션에게 커뮤니케이션으로 식별될 수 없을 것"(GdG 190: 사사 229)이기 때문이다. 기대를 이끌어주는 개연성이 있어야 하고, 이때 커뮤니케이션 발생의 비개연성을 극복해 주는 것이 바로 매체와 형식의 구별이다. 예를 들어, 커뮤니케이션의 기본 매체이며 '음성과 의미의 구별'이라는 형식에 의해 성립하는 언어는 수많은 커뮤니케이션이 결합될 수 있는 터전을 제공한다. 그런데 기본 매체인 언어는 모든 결합 가능성을 임의로 열어 놓지 않는다. 음성이 이미 온갖 소음들을 포함하는 소리로부터 생겨나는 임의적인 가능성을 제한함으로써 성립된다. 그래서 음성은 유기체의 지각 매체가 아니라 의식의 지각 매체이다. 그리고 의미는 이미 문법에 따른 단어들의 결합 규칙에 얽매여 있다.

　언어는 단어와 문장의 분화를 통해 자기 안에서 다시 매체와 형식을 구별한다. 또한 단어에 대해서는 엄격한 결합인 문장은 통상적인 커뮤니케이션에서는 수많은 문장들이 결합될 수 있는 가능성을 느슨하게 제한하는 매체이다. 예를 들어, 사랑의 커뮤니케이션 연쇄에서 파트너가 서로 주고받는 문장들은 매체이며, 이것들이 '사랑한다/사랑하지 않는다'라는 이항 코드화된 구별에 의해 사랑의 형식으로 결속된다. "오늘은 피곤해서 못 만나겠어"라는 문장은 더 이상 '사랑하지 않는다'는 코드값을 부여받고, "피곤하지만 당신 얼굴 봐야지"라는 문장은 계속 '사랑한다'는 코드값을 부여받는다. 그리고 이 형식을 통해 성립하는 사랑은 다시 수많은 구체적인 사랑의 형식들로 커뮤니케이션들을 결속시킬 수 있는 성공매체가 되어 친밀 관계라는 사회적 체계의 자기생산에 기여한다.

주로 커뮤니케이션 체계를 연구했던 루만은 다른 종류의 체계들에서 이루어지는 매체와 형식의 구별에 관해서는 그리 많은 설명을 하지 않았다. 그는 유기체의 지각 매체인 빛, 공기, 전자기장 등이 사물, 소리, 신호 등의 형식을 가능하게 한다고 말한다. 그리고 이 "매체와 형식의 차이는 지각하는 유기체 자신의 성취"(GdG 197: 사사 237)라는 점을 강조한다.

나는 루만이 언급한 이런 사례들을 통해 유기체의 자기생산에서 매체와 형식의 구별이 어떤 기능을 하는지 잠깐 설명해 보겠다. 앞서도 언급했듯이, 루만은 빛을 물리학적 개념으로 보지 않는다. 루만에게 영향을 준 구성주의적 생물학자들에게 빛이란 오직 시지각세포들의 자극을 뇌를 정점으로 하는 신경체계에서 처리할 수 있는 생명체에게만 해당되는 매체이다. 그들에 의하면 우리가 보는 것은 외부의 무엇이 아니라 뇌의 디지털 프로세스에 의해 산출된 아날로그 현상이다. 따라서 빛, 공기, 전자기장 등의 지각 매체란 세포들의 생멸 및 변화에 기초한 유기체의 신경생리학적 운동일 뿐이고, 이를 통해 유기체는 이들 매체가 엄격하게 결합된 것들인 사물, 소리, 신호 등을 보거나 듣거나 느낀다. 그리고 이렇게 매체와 형식의 구별을 통해 이루어지는 지각이 없다면 유기체의 생존은 불가능하다.

루만은 매체/형식의 구별과 관련해 우리에게 주의할 지점 세 가지를 언급한다. 여기서는 간략하게 요약해 소개하겠다.

첫째, 형식은 매체 기반medial Substrat보다 강하다. 루만은 "형식은 느슨하게 결합된 요소들의 영역에서 자신을 관철"(GdG 200: 사사 240)하기 때문에 더 강하되, 이 강함은 단순히 엄격함을 통한 강함일 뿐임을 강조한다. 즉, 형식이 매체보다 더 합리적이거나 더 규범적이기 때문이 아니다.

둘째, 그 대신 형식은 매체 기반보다 내구성이 떨어진다. 즉 시간적으로 지속되기 어렵고 쉽게 보존되지 않는다. 형식들은 "기억, 문자, 인쇄 등 특수한 조처들을 통해서만 보존"(GdG 200: 사사 241)되며, 이러한 엄격한 결합이 이루어진다 해도 매체 기반에는 항상 다른 결합을 위한 여유 용량이 남아 있다. 단어(매체)/문장(형식)의 구별을 예로 들자면, 문장들이 인쇄된다고 해도 그 문장들에 사용된 단어들이 소모되거나 그 단어들의 다른 결합 가능성이 사라지는 것은 아니다.

셋째, 체계 안에서 작동을 통해 연결될 수 있는 것은 매체 기반이 아니라 형식들이다. 예를 들어, 유기체는 빛이 아니라 사물을 보며, 커뮤니케이션에서 의미를 형성하는 것은 단어들이 아니라 문장들이다.

* * *

루만은 커뮤니케이션을 인간 주체의 의지로 실현될 수 있는 행위로 간주하지 않을 뿐 아니라 상호주관적인 것으로도 보지 않는다. 그는 커뮤니케이션이 타아Alter 역할을 하는 자에게 귀속되는 두 가지 선택인 '정보'와 '통지', 그리고 자아Ego 역할을 하는 자에게 귀속되는 한 가지 선택인 '이해'의 세 단계로 이루어진다고 말한다.[8] 이해가 일어날 때 비로소 커뮤니케이션이 완성되기 때문에 루만은 관례에 어긋나게 수신자를 자아로, 통지자를 타아라고 부른다. 이 세 단계 중 커뮤니케이션을 성립시키는 마지막 결정적 단계인 이해는 "정보와 통지의 구별", 즉 통지기호(말, 글, 몸짓 등)로부터 정보를 뽑아내는 것으로 규정된다. 이때 자아의 이러한 구별이 과연 타아의 원래 선택과 일치하는가의 여부는 중요하지 않을 뿐 아니라 아무리 커뮤니케이션이 반복된다 해도 끝내 확인될 수 없다. 이것은 커뮤니케이션에서의 이해란 상당한 정도의 심리적 오해를 포함하는 개념이라는 것, 그리고 두 의식 사이의 상호이해가 결코 아니라는 것을 뜻한다. 서로를 꿰뚫어 볼 수 없는 블랙박스인 두 개의 심리적 체계들 사이에서 투명한 이해나 상호주관적 이해는 성립될 수 없다. 타아의 정보와 통지가 자아에 의해 구별되면, 즉 그 구별을 통해 통지기호로부터 정보를 뽑아내면, 그것이 곧 이해이다.

그리고 이러한 이해에 이어서 자아 역할을 맡았던 자가 이번에는 타아의 역할을 맡아서 앞선 커뮤니케이션의 정보 혹은 통지에

---

8 커뮤니케이션의 세 단계에 관한 설명은 게오르그 크네어 · 아민 낫세이, 《니클라스 루만으로의 초대》, 정성훈 옮김, 갈무리, 2008, 114~129쪽.

대해 반응하는 정보를 선택하면, 그 다음 커뮤니케이션의 첫 단계가 시작된다. 루만은 "개별 커뮤니케이션은 그것이 아무리 작고 아무리 덧없다 하더라도 한 과정의 요소로서만 요소"[9]임을 강조한다. 따라서 우리는 커뮤니케이션이란 오직 다른 커뮤니케이션들로 이어짐에 의해서만 성립하는 동적 단위이며, 이 동적 단위의 재생산이 갖는 비개연성을 극복하려면 매체가 필요하다는 것을 알 수 있다.

　루만은 커뮤니케이션의 비개연성을 세 가지로 나누어 지적한다. 첫 번째 비개연성은 타아가 뜻하는 것을 자아가 이해한다는 것이다. 커뮤니케이션에서 이해란 상당한 정도의 오해를 포함할 수밖에 없는데 어떻게 커뮤니케이션을 계속 진행할 수 있는가라는 문제가 첫 번째 방해물이다. 두 번째 비개연성은 수신자들에게 도달하는 데서 일어나는 어려움이다. 직접 참석한 인격이 이해한다 하더라도 통지기호는 대면 상호작용 범위 바깥의 인격들에게는 도달될 수 없다. 세 번째 비개연성은 성공의 비개연성이다. 어떤 통지기호가 도달된 사람에 의해 이해된다 하더라도, 이 커뮤니케이션이 계속 이어질 것이라는 보장은 없다. 루만은 이 세 가지 비개연성을 극복하는 매체를 각각 언어, 확산매체, 성공매체라고 부른다. 그리고 이 세 가지 매체는 서로를 가능하게 하는 동시에 서로에 대해 한계를 부과하며 후속 문제에 대한 부담

9　Niklas Luhmann, *Soziale Systeme*, Frankfurt/M.: Suhrkamp, 1984, p. 199.

을 지운다.[10]

루만은 "음성과 의미의 구별"인 언어를 "사회의 정규적인 자기생산의 꾸준한 지속을 보장하는 기본적인 커뮤니케이션 매체"로 간주한다(GdG 205; 사사 247). 그렇다고 해서 그가 눈빛, 몸짓, 물건 위치 바꾸기 등 지각에 기초한 비언어적 커뮤니케이션을 부정하는 것은 아니다. 하지만 그는 비언어적 커뮤니케이션만으로는 커뮤니케이션에 관한 조정, 혹은 커뮤니케이션에 관한 커뮤니케이션이 불가능하다고 말한다. 예를 들어, 갈등이 일어났을 때의 조율이나 다시 만나자는 약속과 같은 메타커뮤니케이션은 언어에 의지할 수밖에 없다.

언어라는 기본 매체를 바탕으로 커뮤니케이션은 여러 가지 매체/형식을 형성해 왔다. 루만은 이것들을 확산매체와 성공매체의 두 종류로 나눈다. 그중 확산매체는 사회적 중복Redundanz[11]의 도달 범위, 즉 수신자 범위를 규정하고 확대하는 매체이다. 구어로서의 언어는 참석자들의 상호작용 범위를 넘어설 수 없다. 확산 기술 발전의 산물인 글, 인쇄, 전자매체 등은 이 범위를 상호작용 너머로 확대한다. 오늘날 여러 매체이론가들이 주로 다루는 커뮤니케이션 매체는 바로 이 확산매체이다.

---

10 Niklas Luhmann, *Soziale Systeme*, pp. 218-220.

11 Redundanz는 '과잉'이나 '여분'으로 번역될 수도 있다. 그런데 같은 통지기호들(글자들)이 인쇄된 신문이 몇 백만 부 인쇄되는 것을 표현할 때 '과잉'이나 '여분'이라는 단어를 쓴다면, 자칫 그런 일이 불필요하다는 느낌을 줄 수 있다. 그래서 나는 확산매체의 맥락에서는 부정적 뉘앙스가 적은 단어인 '중복'으로 번역하는 것이 낫다고 본다.

그런데 하나의 커뮤니케이션이 확산된다고 해서 반드시 이것에 다른 커뮤니케이션들이 이어지는 것은 아니다. 백만 부 인쇄된 신문의 어떤 기사를 단 한 명의 독자도 읽지 않을 수 있고, 누군가 읽었다 해도 다른 곳에서 이 기사에 관해 전혀 언급하지 않을 수 있다. 확산이 성공(이어짐)을 보장하지는 않는다.

구어로 이루어지는 대면 상호작용의 경우 제안된 커뮤니케이션에 대해 거절하기는 어렵다. 예를 들어, 서너 명이 함께하는 술자리에서는 참석자들 중 한 사람이 꺼낸 말로부터 대화가 이어질 가능성이 높다. 구어 커뮤니케이션에서는 거절이 비개연적이고 수용이 개연적이다. 하지만 인쇄 이후의 대중매체 시대에는 오히려 수용이 비개연적이다. 예를 들어, 텔레비전에 나오는 수많은 광고 중 하나에 소비자가 주목하고 그것이 상품 구매로 이어질 가능성은 극히 낮다.

루만은 문자의 발명 이후에 등장한 동기유발 수단, 즉 심리적 체계들이 비개연적인 커뮤니케이션을 수용하도록 이끄는 수단이 '종교'였다고 말한다. 하지만 인쇄의 등장으로 종교적인 우주론에 과부하가 걸리게 되면서 "사회는 종교들과는 표면적으로만 통합될 수 있는 완전히 다른 종류의 해법을 새로운 유형의 매체의 발달"(GdG 203: 사사 244)에서 찾아낸다. 이 매체가 바로 '성공매체' 혹은 '상징적으로 일반화된 커뮤니케이션 매체', 즉 화폐, 권력/법, 진리, 사랑, 예술작품, 기본 가치(예: 정의, 평등, 자유) 등이다. 이 매체가 현대사회의 기능적 분화를 촉진한다.

상징적으로 일반화된 커뮤니케이션 매체의 기능은 '조건화'와

'동기유발'을 새로운 방식으로 결합하는 것, 그리고 이를 통해 '불편한' 커뮤니케이션의 경우에도 수용 가능성을 높이는 것이다. 예를 들어, 우리는 집에 배달되어 오는 수많은 편지들을 무시하지만 행정기관이 보낸 민방위 소집 통지서를 무시하는 경우는 드물다. 그리고 평소에는 오전 9시에 기상하던 사람이 그 소집일에만 놀랍게도 오전 7시에 일어나 초등학교 운동장으로 나간다. 이 사례에서 권력이라는 매체는 특정한 조건에서만 심리적 체계들의 동기를 유발한다. 대한민국 국적자로서 예비군을 마친 만 40세 이하의 남성들이 1년에 딱 한두 차례만 이 통지서의 명령에 따른다. 41세로 조건이 바뀌면, 혹은 이미 올해의 훈련이 마무리된 경우라면, 그는 이 통지서를 읽고 오전 7시에 일어나는 것이 아니라 주민센터에 항의 전화를 할 것이다.

화폐도 조건화와 동기유발을 결합한다. 가게에 온 손님의 인상이 아무리 사악하게 보인다 하더라도, 대부분의 가게 주인은 해당 상품의 가격에 맞는 화폐를 지불하는 손님에게 그 물건을 넘겨준다. 그리고 힘든 일을 하기 싫어하는 사람도 돈을 많이 받을 수 있는 조건이라면 그 일을 기꺼이 하는 경우가 많다. 사랑의 경우도 마찬가지이다. 너무나도 사랑하는 여인이 사랑의 증거를 대라고 요구하면, 며칠 밤을 새워 공부하다 녹초가 된 청년이 비를 맞으며 거리를 뛰어다닐 수 있다.

상징적으로 일반화된 커뮤니케이션 매체는 현대사회의 주도적인 분화 형식인 기능적 분화를 촉진하는 데 결정적인 기여를 했다. 화폐라는 성공매체 덕택에 경제는 뚜렷이 분화된 기능체계로 자리 잡았다. 권력을 매체로 하는 정치, 권력의 이차 코드화로 탄생한 법, 진리를 매체로 하는 과학도 마찬가지이다. 대중매체라는 기능체계에 의존하기는 하지만 과도한 특수성 때문에 그 자체로는 결코 범사회적 기능체계를 형성할 수 없었던 사랑은 소설을 모델로 삼는 작은 상호작용 체계인 친밀 관계를 양산하였다. 그리고 이 친밀 관계 속에서 개인들은 경제, 정치, 법, 과학 등이 주도하는 익명적 대중사회의 역할들과는 구별되는 진정한 자기 자신을 찾을 수 있다고 믿게 된다.

* * *

대면 상호작용을 넘어선 사회적 중복을 가능하게 한 첫 번째 확산 매체는 글이다. 글은 "철자 조합과 의미의 구별", 즉 시각매체와 의미의 차이에 의해 성립한 매체이다. 글은 커뮤니케이션의 통지와 이해 사이의 시공간적 분리를 가능하게 했고 이념들의 진화를 가능하게 했다. 글은 이차 관찰과 비판을 유행시켰고 커뮤니케이션에 대한 거절 가능성을 높였다. 언어 커뮤니케이션에 내재해 있던 '예'와 '아니오'의 구별을 뚜렷하게 만든 것이다. 또한 글은 추상화된 기호 사용을 가능하게 했고, 현실 이해를 '양상화'함으로써 없는 것을 상징화할 수 있게 해 주었다(GdG 289: 사사 343). 그런데 글은 문자의 발명 이후 오랫동안 기록매체에 머물러 있었다. 인쇄의 발명 이전까지 커뮤니케이션 매체로서 글의 기능은 구어에 대해 기생적인 수준이었고 극히 제한된 계층에 한정되어 있었다.

루만은 서적 인쇄가 문자 커뮤니케이션을 일반화한 매체, 현대사회로의 이행에 있어 결정적인 매체라고 말한다. 그는 인쇄된 문자 텍스트가 좀 더 비판적인 태도를 가능하게 했으며, 문자의 진화가 다른 관찰자들에 대한 관찰을 유발했다고 말한다. 이러한 문자 커뮤니케이션 활성화의 장기적인 효과는 자신의 고유한 자기생산을 완전히 이차 관찰로 전환하는 체계들, 즉 현대사회의 기능체계들이 생겨난 것이다. 문자 텍스트 덕분에 기능체계들은 이차 관찰 메커니즘을 갖추게 된다. 예를 들어, 정치의 경우 여론이라는 내부 환경을 통해 여당과 야당의 지지율을 관찰한다. 경제의 경우 시장이라는 내부 환경을 통해 시장가격을 관찰한다. 과학의 경우 출판물이라는 매체를 통해 새로운 인식 성과와 변화를 관찰한다.[12]

인쇄가 낳은 인간 지각의 변화와 새로운 문화 현상들에 관해서는 매클루언Marshall McLuhan, 옹Walter J. Ong, 플루서Vilém Flusser 등이 루만보다 훨씬 상세하게 묘사해 왔다. 하지만 그들은 그것이 사회구조적 변동에 미치는 효과를 루만처럼 정확하게 지적해 내지는 못하였다. 루만은 인쇄를 사회 진화의 촉매로 간주하긴 하지만 인쇄 기술이 곧 현대화를 이루었다고 말하지는 않는다. 계층적 분화에서 기능적 분화로의 이행이라는 사회구조적 변동은 성

---

12 이 사례들을 비롯한 기능체계들의 이차 관찰들에 관해서는 Niklas Luhmann, *Beobachtung der Moderne*, Wiesbaden: VS Verlag für Sozialwissenschaften, 2006(2. Auflage), pp. 119~125.

공매체들의 기여를 동시에 고려해야 하기 때문이다. 루만은 현대사회의 시작을 인쇄 텍스트가 제작된 15세기라고 말할 수도 있고, 계층화의 붕괴와 작동상 닫힌 기능체계들이 형성된 18세기라고 말할 수도 있다고 말한다(GdG 516: 사사 601). 이 말은 새로운 확산매체가 진화의 촉매가 되긴 했지만 성공매체들과의 협업 덕택에 현대사회로의 이행이 가능해졌다는 것을 뜻한다.

《열정으로서의 사랑》,《사회의 경제》,《사회의 과학》,《사회의 법》,《사회의 예술》등 루만의 여러 각론적 저작들은 고대와 중세에 준비되어 있던 사랑, 화폐, 진리, 권력, 법, 예술작품 등과 관련된 의미론들이 인쇄 기술 및 이차 관찰의 확산을 계기로 각각 어떻게 서로 다른 시기에 독립 분화된 체계를 형성하게 되었는지를 추적하고 있다. 예를 들어《열정으로서의 사랑》은 중세 말의 이상적 사랑의 의미론이 여러 인쇄된 소설들을 통해 사랑을 읽는 이차 관찰자들에 의해 17~18세기에 열정적 사랑으로 변화되어 갔는지를 추적하는 책이다. 루만은 열정의 고유한 특성인 과도함과 단기성으로 인해 18세기까지는 사랑이 독립 분화된 사회적 체계를 이루어 내지 못했음을 밝힌다. 그리고 1800년경 섹슈얼리티 및 결혼과 결합해 영원성을 전망하게 되면서 사랑이 사회의 다른 기능체계들로부터 뚜렷이 거리를 두는 낭만적 친밀 관계가 되었음을 보여 준다.

전자매체가 커뮤니케이션과 감각에 미친 영향

루만은 인쇄 이후에 등장한 새로운 확산매체를 '전자매체'라는 개념으로 통칭한다. 그리고 전자매체 커뮤니케이션의 새로운 특징을 크게 동영상 커뮤니케이션과 컴퓨터를 이용한 커뮤니케이션으로 나누어 설명한다.

루만은 동영상 커뮤니케이션이 "전체 세계가 커뮤니케이션될 수 있도록" 만들어 주었으며, 이로 인해 "존재의 현상학 대신에 커뮤니케이션의 현상학"이 등장한다고 말한다(GdG 306; 사사 362). 이 암호 같은 진술은 매체이론 전반을 고려할 때 다음과 같이 풀어 쓸 수 있다.

우리가 책을 읽을 때 통지기호인 글은 언어의 예/아니오 코드에 따라 있음/없음의 차이를 이용해 있는 것만을 독자에게 알려준다. 그리고 이때 시간적 순서는 문장의 순서 혹은 시점을 지시하는 문장의 내용에 의해서만 고정된다. 그래서 책에 묘사된 세계 전체를 떠올리는 일, 그리고 다시 읽기나 다른 순서로 읽기를 통해 시간의 흐름을 지연시키거나 재구성하는 일은 온전하게 독자의 몫이다. 독자는 존재로부터 세계를 떠올려야 한다. 따라서 존재의 현상학은 상상력을 필요로 하며 때때로 비판을 촉발한다. 반면에 화면과 음성을 통해 커뮤니케이션에 참여하는 인물들의 모습을 포함한 지각 세계 전체를 통지받는 시청자는 문자라는 디지털 매체로부터 아날로그한 현실 세계를 떠올리기 위해 애를 쓸 필요가 없다. 대부분의 경우 시청자는 시간 흐름을 지연시키거나 재구성하지 않는다. 그런 지연과 재구성은 영상기기를 중단시키고 다시 틀 수 있는 조건이 갖추어져 있고 그런 일을 하기 위한 노력을 하는 예외적인 경우에만 가능하다. 대개의 경우 그런 조건이 갖추어져 있다고 해도 화면의 흐름에 끌려가기 때문이다.

루만은 이렇듯 동영상에서는 전체 세계가 커뮤니케이션되기 때문에 정보와 통지를 구별할 가능성과 필연성이 후퇴하며, 언어적 커뮤니케이션의 예/아니오 코드화도 효력을 발휘하지 못하게 된다고 말한다. 예를 들어, 우리가 영화나 TV를 볼 때 볼 것인지 말 것인지를 선택할 수는 있지만 연속되는 장면들 중 어떤 것을 수용하고 어떤 것을 거절할지 선택할 수 없다. 또한 연속되는 장면들(통지기호들)로부터 정보를 뽑아내기 위한 노력을 하기 어렵다.

그래서 우리는 동영상 커뮤니케이션의 확산이 이차 관찰에 의해 이루어지는 커뮤니케이션 행위로의 귀속을 어렵게 만들 것이라고 추론해 볼 수 있다.[13] 커뮤니케이션을 누군가의 행위로 귀속시키기 어려워진다는 것은, 이 귀속에 근거한 성공매체의 기능이 약화될 수 있다는 것을 뜻한다. 경제, 정치, 법 등의 기능체계는 계약, 투표, 판결 등 행위 귀속이 분명한 커뮤니케이션에 기초하기 때문이다. 디지털 시대 성공매체의 위기에 관해서는 뒤에서 다시 다루겠다.

---

13 루만은 전통적인 행위이론과 달리 행위를 관찰된 커뮤니케이션으로 간주하며, 이 이차 관찰에 의해서만 하나의 커뮤니케이션을 행위자에게 귀속시키는 것이 가능하다고 본다.

루만은 컴퓨터를 매개로 하는 커뮤니케이션이 "컴퓨터에 데이터를 입력하는 것과 정보를 호출하는 것 사이를, 어떤 동일성도 더 이상 존속하지 않을 정도로 분리할 수 있게 한다"(GdG 309: 사사 365)고 말한다. 이것은 통지와 이해의 통일성이 포기된다는 것을 뜻한다. 또한 컴퓨터에서 이루어지는 데이터 처리 과정은 누구도 꿰뚫어 볼 수 없기 때문에 "원천의 권위"는 불필요해지고, 심지어 원천이 미지의 것이 된다고 말한다.

책의 독자는 그 저자가 누구인지 알고 그 저술 의도를 파악할 수 있으며 그 내용을 전체적으로 간파할 수 있다. 하지만 컴퓨터 프로그램을 통해 나온 자료를 읽는 자는 한 인격의 통지 행위로 간주할 수 없는 수많은 데이터가 알 수 없는 처리 과정을 통해 내놓은 것을 읽는다. 가시적 표층과 비가시적 심층 사이의 괴리가 커지는 것이다. 특히 최근에 빅데이터를 이용한 기계학습 알고리즘의 발전은 컴퓨터의 화면(표층)에서 이루어지는 커뮤니케이션과 그 컴퓨터와 인터넷으로 연결된 서버 컴퓨터에서 이루어지는 데이터 처리(비가시적 심층) 사이를 완전히 갈라놓고 있다. 챗봇과 메시지를 주고받을 때 우리는 그 알고리즘이 도대체 어디서 그런 말을 학습했는지 알 수 없다. 심지어 대부분의 경우 개발자도 모른다.

루만이 동영상 커뮤니케이션과 컴퓨터 매개 커뮤니케이션에 관한 분석을 통해 보여 주는 것은 커뮤니케이션과 커뮤니케이션 아닌 것의 구별이 약화된다는 것, 즉 인쇄 시대를 기초로 확립된 그의 커뮤니케이션 개념 자체가 의문스러워진다는 것을 뜻한다.

하지만 이로부터 우리가 곧바로 커뮤니케이션의 종말이나 탈현대사회로의 이행이라는 섣부른 결론을 내리는 것은 곤란하다. 루만이 자주 이야기하듯이 현대적 사회구조를 대표하는 대의제 민주주의, 법의 지배, 화폐적 시장경제, 일반교육 등은 여전히 굳건하게 유지되고 있기 때문이다. 그리고 문자 커뮤니케이션은 동영상 속에서도 컴퓨터 화면을 통해서도 이루어진다. 또한 성공매체는 대부분 여전히 잘 기능하고 있다. 그럼에도 시각적 동영상은 물론이고 전자기장에 기반한 촉각매체까지도 포괄하는 디지털 멀티 전자매체의 등장은 여러 성공매체의 기능에 차별화된 영향을 미치고 있다. 그래서 나는 전자매체의 발전이 성공매체에 미치는 영향을 추적할 것이며, 이 작업에는 루만 사후 한 단계 발전된 전자매체의 효과를 반영할 것이다.

* * *

오늘날 일어나고 있는 확산매체와 성공매체 사이의 긴장을 살펴보기 전에, 우선 루만이 마지막으로 매체를 연구했던 시기인 1990년대 이후 전자매체에서 일어난 기술적 발전을 살펴볼 필요가 있다.

21세기에 들어 사진은 물론이고 영화, 텔레비전 등 모든 동영상 매체는 컴퓨터와 결합되어 디지털화되었다. 필름 동영상과 달리 디지털 동영상에서는 어떤 시각적 이미지도 갖지 않는 점들의 비가시적 심층으로부터 입체적인 표층이 떠오른다. 플루서는 "추상

게임"이 시공간의 4차원 세계로부터 시간 없는 입체의 세계(3차원), 깊이 없는 평면의 세계(2차원), 평면 없는 선의 세계(1차원, 텍스트), 그리고 선 없는 점들의 세계(0차원, 컴퓨터화)로 이어졌음을 지적한다.[14] 그에 따르면, 오늘날 우리에게 익숙한 "디지털 가상"은 0차원에서 3차원 혹은 4차원의 세계가 곧바로 떠오르는 것이다.

문자의 1차원에서 최소한도로 남아 있던 시각성이 0차원의 디지털 데이터에서는 사라진다. 그래서 우리는 표층에 떠오른 이미지와 심층의 매체 기반 사이에서 최소한의 유사성도 찾아볼 수 없다. 그럼에도 놀라운 해상도와 색감은 물론이고 입체화 기술까지 더해진 연속 이미지와 그것에 결합된 디지털 음향 기술은 기존의 지각 현실보다 더 현실적으로 느껴지는 새로운 지각 현실을 창조한다. 그리고 최근 대중적으로 보급되고 있는 터치패드는 촉감까지도 포괄하는 디지털 동영상의 등장을 예고하고 있다.

전 세계로 뻗어 나간 인터넷과 연결된 컴퓨터가 도무지 그 원천을 알 수 없는 검색 결과를 조합된 문자들과 이미지로 제공한 지 이미 20여 년이 되었다. 키틀러Friedrich Kittler가 1999년 베를린 강의에서 예견했던 광섬유를 통한 HDTV[15]는 이미 실현되었다. 이제 HD 화질 전송은 무선망을 통해서도 쉽게 이루어진다.

최근의 가장 주목할 만한 기술은 통신 기능을 갖춘 이동식 소형 컴퓨터의 눈부신 발전일 것이다. 스마트폰, 태블릿 등으로 불

---

14 빌렘 플루서, 《피상성 예찬》, 김성재 옮김, 커뮤니케이션북스, 2013, 2쪽.

15 프리드리히 키틀러, 《광학적 미디어: 1999년 베를린 강의》, 윤원화 옮김, 현실문화,

리는 이 컴퓨터는 고정된 자리를 필요로 하지 않으며 손쉽게 대용량 통신을 가능하게 한다. 게다가 HD 화질에 터치패드까지 갖추고 있어서 손안에서 구어 커뮤니케이션, 문자 커뮤니케이션, 동영상 커뮤니케이션 등을 모두 가능하게 한다. 비록 촉감 커뮤니케이션은 불가능하지만, 키보드와 마우스 클릭을 대체하는 터치패드의 확산은 전자매체와 촉감의 결합이 일상화되고 있음을 보여 준다. 매클루언이 꿈꾸었던 공감각적 문화가 실현되어 가고 있는 것이다.

동영상과 컴퓨터에 의한 사랑의 변화

비개연적인 커뮤니케이션의 수용 가능성을 높임으로써 기능체계들을 분화시킨 성공매체는 인쇄의 시대에 널리 관철되었다. 성공매체 중에서 전자매체의 등장과 함께 가장 빠르게 그 성격이 변해 왔고 이제는 도대체 그 미래를 장담하기조차 어려운 것 두 가지는 사랑과 예술작품일 것이다. 예술의 변화에 관한 논의는 고도의 전문적 식견을 요구하는 것이기에 이 글에서 다루지 않겠다. 여기서는 동영상의 등장이 사랑의 의미론에 미친 영향을 살펴본 후, 최근의 전자매체 발전이 추가로 일으킬 변화를 짚어 보고자 한다.

2013, 339~342쪽.

루만은 이미 1982년 저작《열정으로서의 사랑》말미에 낭만적 사랑이 20세기에 처하게 된 '문제'에 관해 언급하였다. 루만이 말하는 '문제'란 19세기의 낭만주의 소설에서는 은폐되었던 의문, 즉 "친밀 관계를 위한 파트너를 찾아 그를 묶어 둘 수 있는가"[16]라는 의문이다. 이것은 역설의 코드화를 통해 전 인격적이고 밀도 높은 상호침투 관계를 가능하게 했던 매체인 사랑의 비개연성이 다시 부각되고 있음을 뜻한다. 나는 이미 이 문제를 1990년대 이후 한국의 대중음악, 영화, 소설, 보고문헌 등을 통해 살펴본 적이 있다.[17] 그런데 나의 선행 연구는 사랑의 문제가 확산매체의 변화와 맺고 있는 연관성을 충분히 밝히지 못했다. 이를 여기서 보완해 보겠다.

쓰라린 수난과 능동적 집착을 동시에 담아내는 단어인 '열정 passion'이 정당화되면서 드러난 사랑의 역설은 18세기에 '사랑한다/아직 사랑하지 않는다' 또는 '사랑한다/더 이상 사랑하지 않는다'로 코드화된다. 이 시기의 연애소설은 인쇄를 통해 도서 시장에서 팔릴 것을 염두에 둔 것이었다. 열정적 사랑의 초기 대표작인 17세기의《클레브 공작부인》만 해도 필사본이 훗날 인쇄되었던 것인 반면, 18세기 중후반의《파멜라》,《클라리사》,《신 엘로이즈》,《젊은 베르테르의 슬픔》등은 작가들이 출판을 염두에 두고

---

16 Niklas Luhmann, *Liebe als Passion*, Frankfurt/M.: Suhrkamp, 1982, p. 197.

17 정성훈, 〈매체와 코드로서의 사랑, 그리고 사랑 이후의 도시〉, 인제대학교 인간환경미래연구소,《인간 · 환경 · 미래》제12호, 2014.

쓴 것들이다.

 18세기 연애소설은 이전 시기의 소설보다 훨씬 분량이 많다. 게다가 사건 전개의 시공간적 범위가 좁다는 점을 고려하면, 오늘날의 독자들에게는 쓸데없이 길다는 느낌을 준다. 이렇게 긴 소설이 등장할 수 있었던 이유는 첫째, 인쇄 기술이 이러한 분량을 감당할 수 있게 되었다는 것, 둘째, 대중의 독서 욕구가 매우 높았다는 것이다. 당시 연애소설에서 많은 분량을 차지하는 것은 인물의 내면적 변화를 매우 섬세하게 드러내는 편지나 그 내면적 변화에 관한 저자의 상세한 묘사이다. 독자의 상상적 시공간 구성을 위한 풍경의 묘사도 길며, 이 묘사는 대개 인물의 내면적 변화에 조응한다. 그래서 독자는 철저하게 주인공의 내면과 그의 관점에서 보는 주변 세계에 초점을 맞추게 된다. 소설의 눈은 "인격적인 초점 화자"의 것이다.[18] 그래서 독자가 소설에 빠져든다는 것은 인간 주체의 내면적 정서를 그대로 수용하는 것이다.

 그런데 소설의 화자가 '아름답다'고 말하는 사람의 외모, 그리고 '화려하다'고 말하는 풍경을 독자는 순수한 지각 이미지로 보는 것이 아니라 자기 나름의 상상적 이미지로 떠올린다. 따라서 그런 외모를 갖고 있지 않으며 그런 풍경과 전혀 무관한 곳에 사는 평범한 독자들도 자기 나름의 방식으로 소설의 인물에게 감정

---

18 소설의 시점과 영화의 시점을 비교 연구한 나병철은 소설의 눈이 "인격적인 초점화자"임에 반해 카메라의 눈은 인격적 주체의 선행 단계로서 순수 지각 쪽에 자리한 "기계의 눈"이라고 말한다. 나병철, 《영화와 소설의 시점과 이미지》, 소명출판, 2009, 293~294쪽.

을 이입할 수 있다. 또한 독자들은 주인공 주변의 다른 이성 인물들의 외모를 볼 수 없기 때문에 주인공이 오직 한 명의 파트너에게만 몰입하는 것을 비현실적으로 느끼지 않는다.

18세기에 이미 신분이 낮은 경우가 많았던 소설의 주인공들은 19세기에 접어들어 신분이 낮을 뿐 아니라 별로 아름답지 않은 여성이나 건강하지 않은 남성으로까지 그 허용 범위가 넓어진다. 대표적인 사례로는 브론테 자매의 소설들이 있다. 그런데 다수의 평범한 독자들은 이러한 변화에 실망하는 것이 아니라 오히려 자신을 소설 속의 인물들, 예를 들어 제인 에어, 로체스터, 히드클리프 등과 더욱 쉽게 동일시하게 된다.

이렇게 인쇄된 책을 통해 사랑이라는 성공매체의 사용법을 배우던 시대에는 모든 내면적 고뇌가 오직 한 사람에게로 향하는 사랑의 영원성, 그리고 사랑을 통한 자아의 성숙이 설득력을 가질 수 있었다. 또한 사랑에 대한 진정성만 갖고 있으면 누구나 사랑할 수 있다는 일종의 평등주의가 확산된다. 사랑을 위해서는 오직 사랑만 필요할 뿐 신분도 돈도 외모도 중요하지 않다는 낭만주의가 강화되는 것이다. 현실에서 이것이 아무리 환상으로 드러난다 할지라도 개인들은 짝사랑이나 상상적 사랑을 통해 자아의 성장을 경험한다.

낭만적 사랑에 대한 의문 혹은 회의가 시작된 20세기는 영화가 등장한 시대이기도 하다. 초기의 연애영화는 대부분 소설을 각색한 것이기 때문에 낭만적 사랑의 공식을 따랐다. 예를 들어, 로버트 스티븐슨Robert Stevenson 감독의 1944년 작 〈제인 에어〉의 경우 다소의 생략은 있지만 원작의 시간 순서를 그대로 따른다. 더구나 첫 화면에서 책 표지를 보여 주고 영화 중간중간에 소설의 텍스트를 그대로 화면에 보여 줌으로써 이 영화가 소설을 그대로 재현한다는 점을 강조한다. 하지만 주인공 에어 역을 맡은 배우 조안 폰테인은 소설 속에 묘사된 에어에 비해 너무 건강하고 아름답다.

영화가 소설의 판매고를 좌우하게 됨에 따라 소설은 창작 단계에서 이미 영화화를 염두에 두기 시작한다. 영화화를 겨냥한 소설은 그 분량이 줄어들고 내면 서사의 비중이 약화된다. 사랑의 좌절을 다룬 1970년대 한국의 대표 작가들인 최인호, 조선작 등의 소설은 신문 연재, 단행본 출간, 영화화의 경로를 거친다. 이 소설들에서는 상황 변화가 자주 일어나야 하기 때문에《파멜라》,《신 엘로이즈》등에서 흔히 발견되는 10여 페이지가 넘는 편지 같은 건 절대 들어 있지 않다.

1970년대 한국영화의 주인공들은 주로 하층 출신이며 내적인 이유가 아니라 외적인 이유로 사랑의 좌절을 겪는다. 그래서 이 영화들은 사랑에서의 평등주의 지향을 부추긴다. 하지만 그 배우들은 보통 사람들보다 훨씬 뛰어난 미모를 갖고 있었다. 관객이 자신을 〈별들의 고향〉의 안인숙이나 〈영자의 전성시대〉의 염복순과 동일시하는 것은 조금씩 어려워진다. 그럼에도 영화가 흑백 혹은 거친 색감의 컬러와 낮은 해상도의 화질로 제작되었을 때는 배우의 외모에만 초점을 맞춘 영화는 그리 많지 않았다.

한국에서 1990년대부터는 소설을 원작으로 하지 않는 연애영화, 즉 애초에 동영상을 염두에 둔 연애영화가 늘어난다. 그런 영화들에서는 주인공의 내면 서사가 거의 사라지고 그의 외적 행태, 즉 신체적 행태 혹은 사회적 행태가 부각된다. 관객의 감정이입을 차단하는 "카메라의 눈"이 강화되는 것이다. 예를 들어, 홍상수 감독은 인물 시점을 좀처럼 사용하지 않으며 얼굴 클로즈업 대신 사물 클로즈업을 사용한다. 그는 "대상(혹은 인물)의 내면과 깊이(정서와 심리)를 드러내는 대신 표면만을 찍어 내는" 기법인 '고정된 카메라 기법'을 통해 관객이 자신을 주인공과 동일시하는 것이 아니라 주인공의 행태에 대한 관찰자가 되게 만든다.[19] 그리고 고화질 기술의 발전은 2000년에 나온 여균동 감독의 〈미인〉이 그러했던 것처럼 별 대사나 스토리 없이 주연 배우들의 표정, 몸매, 움직임만을 집요하게 카메라로 쫓아가는 영화를 가능하게 했다.

영화는 책보다 훨씬 빠른 시간 전개를 가능하게 하며 시간의 비약에 대한 수신자의 저항감을 완화시킨다. 책에서는 몇 년이 지난 후를 이야기할 때 수많은 배경 설명을 추가해야 하고 이런 일이 자주 일어나면 독자들의 혼란을 불러일으킨다. 물론 동영상에 익숙해진 세대는 점차 이런 시간 비약에 익숙해지고 그래서 점차 소설을 변화시키고 있긴 하지만 말이다. 영화는 늙어 감을 상징하는 외모 변화, 시대적 소품의 변화 등으로 별다른 배경 설명 없이 바로 수십 년 뒤로 넘어갈 수 있다.

2006년 BBC 제작 드라마 〈제인 에어〉에는 어린 시절 혹은 로

---

19 나병철,《영화와 소설의 시점과 이미지》, 295~299쪽.

체스터와의 행복했던 시절을 에어가 회상하는 장면들이 수시로 삽입된다. 2011년 캐리 후쿠나가Cary Fukunaga 감독의 영화 〈제인 에어〉는 아예 첫 장면부터 에어가 성인이며 어린 시절은 회상으로 처리된다. 그래도 이것들은 원작에 얽매여 있기 때문에 에어와 로체스터의 재결합에서 영화가 끝난다.

그에 반해 애초부터 시간 비약과 잦은 장면 전환을 염두에 두고 제작되는 영화적 영화는 낭만주의 소설에 기초한 영화와 달리 이별, 재회, 양다리, 배신, 이혼 등 변화무쌍한 사랑의 진행 과정을 손쉽게 묘사한다. 이런 기술적 가능성이 20세기를 통해 강화된 개인주의 및 세속주의와 결합되면서 낭만적 사랑의 의미론은 쉽게 조롱받을 수 있게 된다. 1990년대 이후 우리는 수많은 한국영화에서 영원한 사랑의 허구성이 폭로되는 장면들을 보았고 결혼은 미친 짓이라는 메시지를 전달받았다.

인쇄를 기초로 삼지 않는 철저히 동영상적인 영화들은 이렇게 사랑이라는 성공매체의 기능을 약화시켜 왔다. 하지만 익명적 대중사회에서 역할들을 통해서만 커뮤니케이션하는 현대인들에게 전 인격적이고 밀도 깊은 친밀 관계에 대한 욕구는 예전보다 잠정적이고 변덕스럽다 하더라도 여전히 강력하다. 청춘의 강한 욕구인 섹슈얼리티로의 접근을 위한 문명적 방식들 중 사랑만큼 매력적인 것은 아직 없다. 비록 사랑을 대체할 만한 것들이 계발되고 있는 것으로 보이지만 사랑만큼 보편적인 정당성을 보장받기는 어렵다. 그래서 아직도 연애는 대중매체에서 매우 높은 비중을 차지하는 주제이다.

그런데 현실보다 더 현실적인 입체적 이미지와 음향을 제공하고 그 조작에 있어 촉감의 사용을 자극하고 있는 컴퓨터의 등장과 컴퓨터를 내장한 초대형 화면의 HDTV의 등장은 앞으로 기술 발전에 따라 촉감까지 포섭할지도 모른다. 화면에 보이는 것을 피부로 느낄 수 있게 해 주거나 3D 프린터로 화면의 사물을 거의 그대로 제작해 내는 기술적 발전은 그리 멀지 않은 것으로 보인다.

인터넷이 처음 보급된 시기와 결혼에 상당한 경력과 고비용이 요구되기 시작한 시기가 서로 맞물렸던 일본과 한국에서는 이미 친밀 관계에 대한 욕구를 디지털 가상으로 대체하는 청춘이 늘어나기 시작했다. 최근의 대표적인 사례로는 2020년 12월 말에 출시되어 개인정보 유출 등 수많은 논란을 불러일으킨 끝에 3주 만에 서비스가 중단된 챗봇 '이루다'를 들 수 있다. 20세 여대생으로 설정된 이루다는 수많은 한국의 남성들에게 '가상 연애' 혹은 '연애 연습'을 제공했다. 그 알고리즘은 이루다와의 대화를 계속 잘 이어갈 경우 친밀도 레벨이 1에서 16까지 계속 올라가는 일종의 게임 방식을 취했다. 이루다는 연애를 게임처럼 생각하는 경향을 반영한 동시에 그런 경향을 부추긴 것이다.

현실 인간과의 연애를 포기하지 않은 청춘들의 경우에도 전자 게임, TV 오락 프로그램 등의 영향을 받아 연애를 섹슈얼리티를 위한 선택 게임 정도로 간주하는 사고방식이 늘어나고 있다. 사랑의 코드화, 즉 사랑하는지 사랑하지 않는지의 구별을 거부하는 용어로 널리 쓰이는 '썸'은 이런 상황을 반영한 신조어이다. 정기고와 소유가 부른 노래 〈썸〉의 가사에 따르면, 썸은 "내꺼인 듯 내꺼 아닌 내꺼 같은 너. 니꺼인 듯 니꺼 아닌 니꺼 같은 나. 이게 무슨 사이인 건지 사실 헷갈"리는 것이다. 썸으로서의 사랑은 이루다에서 구현되었듯이 친밀도 레벨의 여러 단계를 오르내리는 게임과 비슷하다.

디지털 멀티 전자매체의 발전은 친밀 관계를 컴퓨터 기반 인공지능과의 관계로 대체하면서 사랑이라는 상징적으로 일반화된 커뮤니케이션 매체를 무력화시킬지도 모른다. 인공지능에 더해 인간과 구별되지 않는 신체까지 갖춘 로봇이 나오는 영화 〈엑스마키나〉는 너무 먼 미래일지 모르나 영화 〈그녀her〉의 상황은 챗봇 이루다의 등장을 볼 때 그리 먼 미래가 아닐지도 모른다.

물론 앞서 여러 차례 강조해 왔듯이 사랑이라는 성공매체는, 그리고 기능적으로 분화된 사회구조는 확산매체의 전환이 초래하는 영향에 저항할 것이다. 그래서 앞으로의 변화가 전자매체에 의한 일방적 영향은 아닐 것이고 성공매체와의 긴장 속에서 새로운 종류의 성공매체 형성으로 이어질지도 모른다.

디지털화와 글로벌화를 주도한 화폐의 미래

인쇄에서 전자매체로의 전환이 성공매체에 미치는 영향은 각 매체마다 다르다. 특히 숫자로 표현되기 쉬운 매체, 코드화를 뒷받침하는 굳건한 의미론이 필요 없는 매체의 경우, 인쇄의 종말은 오히려 그 매체가 더욱 잘 기능하기 위한 조건이 된다.

플루서가 이미 "숫자는 알파벳·숫자 코드에서 이물질"[20]이라고 지적한 바 있듯이, 숫자 표현은 인쇄와 타자기에 의해 억압되어 왔다. 횡과 종의 방향을 모두 사용해야 하는 수학 계산식과 회계장부는 횡적 연결만 강요하는 확산매체와는 친화성을 갖기 어렵다. 그런데 문장과 계산식을 모두 이진법으로 추상하는 디지털 전자매체에서 숫자는 문자와 같은 지위를 보장받는다. 컴퓨터는 타자기처럼 1차원적인 횡적 연결을 중심으로 하는 워드프로세서뿐 아니라 엑셀처럼 2차원적 표현을 쉽게 해 주는 데이터베이스 프로그램들도 제공한다.

소유와 비소유의 구별이라는 기본 코드를 바탕으로 지불과 비지불이라는 두 가지 항으로 이차 코드화된 성공매체인 화폐는 지불이라는 긍정적인 값을 선택하도록 하는 심리적 동기유발에서 언어적 의미론의 도움을 거의 필요로 하지 않는다. 이별이 아닌 사랑의 선택은 그 선택을 뒷받침하는 수많은 서사들의 도움을 받아야 한다. 하나의 예술작품이 뛰어난가의 여부는 그것의 아름다움 혹은 혁신성을 평가하는 예술비평의 도움을 받아야 한다. 사랑이나 예술에서 커뮤니케이션의 성공은 상당한 규모의 문자 커뮤니케이션을 동반해야 한다. 반면 화폐를 지불하는 선택을 유발하는 일은 라디오와 TV의 짧은 광고만으로도 가능하다. 경제 커

---

20 빌렘 플루서, 《피상성 예찬》, 116쪽.

뮤니케이션은 동영상을 보고 컴퓨터로 클릭하는 것으로도 충분하다. 그래서 인쇄 의존성에서 벗어나 전자매체 중심으로 이동하기가 용이하다.

20세기 말 컴퓨터에 인터넷이 연결된 이후 화폐 지불은 세계사회의 실시간적 동시성을 획득했다. 물론 지불에 이어지는 사물 소유의 이동을 위해서는 여전히 물리화학적 에너지가 필요하다. 하지만 비사물적 소유의 이동에 걸리는 시간은 거의 0이 된다. 현대사회가 하나의 세계사회라는 루만의 주장, 즉 기능적 분화가 분절적 분화를 압도하여 국가, 지방 등의 공간적 차별화가 기능체계들에 종속된다는 주장은 이제 세계경제에 있어서만큼은 거의 완벽한 설득력을 갖게 되었다.

더구나 화폐는 세계 공통의 아라비아 숫자로 표현되며 다른 매체를 사용하는 커뮤니케이션에 비해 문자화된 언어에 대한 의존성이 낮다. 글로벌화에 대한 언어적 장벽이 낮은 것이다. 구매와 판매를 위해, 그리고 광고를 위해 외국어 습득이 필요하긴 하다. 하지만 그것은 학술적 비판이나 문예비평을 위한 외국어 공부에 비하면 아주 짧은 시간 안에 달성된다. 그래서 1960년대에 매클루언이 전자매체에 의해 실현되리라 예견했던 지구촌은 적어도 화폐경제에서는 달성되었다고 말할 수 있다.

그런데 지금까지 디지털 전자매체와 상호 상승 관계를 맺어 온 화폐가 앞으로의 확산매체 기술 발전과도 잘 조응할 수 있을까? 수많은 이들의 우려에도 불구하고 1970년대에 금태환이 종료된 이후에도 화폐는 사물에 대한 종속성을 벗어나 순수한 사회적 상징임을 입증해 왔다. 그래서 화폐는 디지털 시대에 들어와서도 지금까지 군건히 기능해 왔다. 그런데 화폐는 과연 향후의 기술적 발전과도 양립할 수 있을까? 모든 미래 전망은 오류를 감수할 수밖에 없다. 그래서 여기서는 앞으로 화폐가 확산매체 기술의 발전에 의해 처할 수 있는 위기 두 가지만 조심스럽게 지적하겠다.

첫째, 컴퓨터를 매개로 한 커뮤니케이션에서 통지를 선택하는 명령이 클릭에서 터치, 음성, 눈빛 등으로 바뀜에 따라 화폐 지불에 상당한 혼란이 일어날 수 있다. 이미 스마트폰을 통해 너무 쉽게 이루어지는 이체와 결제는 수많은 실수와 사기 범죄를 낳고 있다. 그래도 아직 문자 중심의 교육을 받고 자란 세대는 경제활동에 있어서만큼은 이동식 컴퓨터를 신뢰하지 않는 경향이 있다. 하지만 터치와 음성 명령으로 처음 컴퓨터를 접한 세대가 성인이 되었을 때 얼마나 더 많은 혼란이 일어날지는 가늠하기 어렵다. 지불 여부가 끊임없이 법적 소송의 사안이 된다면 디지털 전자매체를 통한 경제활동 자체가 위축될지도 모른다. 그래서 이러한 혼란을 예방하기 위해 정책 당국은 인증 절차와 보안 장치를 강화하고 있다. 그런데 이것이 역으로 화폐 커뮤니케이션의 활발한 연쇄를 억압한다는 딜레마가 생긴다. 정책 당국은 끊임없이 적절한 균형점을 찾으려고 애쓰겠지만 기술의 발전은 그 균형점을 곧 낡은 것으로 만들어 버릴 것이다.

둘째, 비가시적 심층에 있는 디지털 데이터 프로세스가 매우 사소한 오류 혹은 조작에 의해 숫자로 표현되는 가시적 표층의 화폐에 심대한 혼란을 초래할 수 있다. 예를 들어, 2010년 4월 12일에 한국의 농협은행 전산망이 원격 공격에 의해 마비되어 수많은 거래 기록이 사라졌다.[21] 비가시적 심층은 꿰뚫어 볼 수 없는 것이기에 이 사태에 대해 오류가 아닌 조작이라는 의심도 크게 제기되었다. 그래도 이 사태는 개별 계좌의 소유 금액이 큰 규모로 변경된 대사건은 아니었다. 그런데 최근에는 간혹 자신의 계좌에서 아무 이유 없이 돈이 빠져나갔다고 주장하는 사람들이 늘어나고 있다. 만약 앞으로 이런 일들이 빈번해진다면, 수많은 사람들이 다시 종이통장을 쓰거나 집에 돈을 쌓아 두거나 금을 모으는 사태, 즉 화폐경제의 관점에서는 경제 커뮤니케이션의 속도가 느려지는 퇴행적인 사태가 일어날지도 모른다. 디지털 통장에 우리가 갖고 있는 화폐는 그저 디지털 데이터일 뿐이고, 그 데이터가 삭제되는 순간 다른 어디에서도 우리는 그 소유를 입증할 수 없기 때문이다. 물론 이 경우에 대비해 정책 당국은 이미 이중 삼중의 데이터 저장과 안전보장책들을 마련해 놓았겠지만, 이 또한 비용 문제이기 때문에 첫째의 경우와 마찬가지로 균형점을 찾는 것이 쉽지 않다. 예를 들어, 농협 사태 이후 정부는 정보보호 강화 방안으로 첫째, 정보보호 예산 투자 확대와 정보보호 인력 전문성 향상, 둘째, 기반시설에 대한 침해 예방 및 복구 체계 강화, 셋째, 협력업체 직원에 대한 관리 · 감독 강화, 넷째, 신규 주요 정보통신 기반시설 지정 확대, 다섯째, 정보통신 기반 보호 관련 법 ·

---

21 농협 전산망 마비 사태의 전개 과정과 수사일지는 천우성 · 박태우, 〈농협사태를 통한 관리보안의 문제점 연구〉, 《한국전자통신학회 학술대회지》 5(1), 2011, 26~27쪽.

제도 정비 등을 내놓았다.[22] 모두 비용 증가를 수반할 뿐 아니라 전산망 공격자의 새로운 기법에 의해 낡은 것이 될 수 있는 방안 들이다.

디지털 속도와 글로벌화를 쫓아가지 못하고 있는 법의 지배

루만에 따르면, 정치체계의 독립 분화는 권력이라는 성공매체가 법에 의해 이차 코드화되면서 이루어졌다. 권력우세/열세 혹은 여당/야당이라는 코드가 합법/불법이라는 다른 코드의 뒷받침을 받으면서 특화된 자율성을 얻게 되었다. 통치자 혹은 여당은 합법적인 방식으로만 그 지위를 유지할 수 있기 때문에, 여당과 야당이라는 두 가지 코드값의 교체는 화폐의 지불/비지불만큼은 아니지만 그 이전의 사회에 비해 쉬워진다. 루만은 이를 매체의 "기술화Technisierung"라고 부른다. 화폐, 권력, 진리 등이 이러한 기술화 정도가 높은 매체이다. 권력의 이차 코드화를 통해 생겨난 법은 독자적인 기능체계를 형성하며, 루만은 정치와 법의 구조적 결합을 위한 텍스트를 헌법이라고 말한다. 법학과 정치학에서는 18세기 말의 시민혁명에 의해 이루어진 이러한 분화와 결합의 질서를 흔히 '법의 지배rule of law' 혹은 '법치국가Rechtsstaat'라고 부른다.

---

22 천우성 · 박태우, 〈농협사태를 통한 관리보안의 문제점 연구〉, 28쪽.

국민국가로의 이행에 의해 이루어진 법의 지배는 오늘날 다른 기능체계들이 전자매체를 통해 달성한 커뮤니케이션의 속도를 따라잡지 못하고 있다. 여전히 수백 쪽에 이르는 문서를 검토한 후에야 이루어지는 재판은 최종심까지 가는 데 몇 년의 시간이 걸리기도 한다. 그래서 몇몇 글로벌 IT기업들이 중소기업의 특허권을 침해한 후 소송 기간 동안 상대 기업을 흡수해 버린 사례들에서 볼 수 있듯이, 소송 비용과 기간을 감당할 수 있는 조직들은 의도적으로 불법을 저지르기도 한다. 그렇다고 해서 법률이 글로 되어 있는데 이미지를 근거로 재판하기는 어렵다. 그리고 재판의 진행 속도를 빨리 하는 것은 목적지향적인 다른 기능체계들과 달리 법이 사회의 면역체계로서 갖는 기능을 어느 정도 포기하는 것이다.[23]

확산매체의 발전으로 인한 글로벌화에 대해서도 법은 세계법의 부재로 인해 실질적 기능을 하지 못하고 있다. 오늘날 국제법이라고 불리는 수많은 헌장과 조약이 있지만 이 법률은 미가입국에 대해 어떤 영향도 미치지 못할 뿐 아니라, 강대국들이 국내법 우선 원칙을 유지하고 있기 때문에 쉽게 무력화된다. 그래서 20세기 말부터 우리는 강대국의 정치가 국제법을 무시하고 권력을 행사한 사례들을 자주 목격하게 되었다. 세계사회의 차원에서는 법의 지배가 관철되고 있지 못한 것이다.

---

23 루만은 면역체계가 "내적인 갈등에만 반응하며 경우에 따라 등장하는 갈등에 대해서 일반화 가능한 해결책을 발전시키며, 그래서 미래의 일들에 대한 잉여 능력을 갖

루만은 1993년 저작 《사회의 법》의 말미에서 법의 지배가 "유럽적인 비정상성에 불과할지도 모르며, 이는 세계사회의 진화 속에서 약화될 수 있다"[24]고 말했다. 나는 이러한 진단에 대해 뚜렷이 반박할 근거를 갖고 있지 않다. 하지만 법이 확산매체와의 긴장 속에서 혁신될 가능성은 열어 두어야 한다고 본다.

법의 혁신의 첫 번째 방향은 법이 확산매체 기술과 그로 인한 속도에 적응하는 것이다. 예를 들어, 법원과 재판관들의 권위주의와 엄숙주의만 약화된다 해도 법적 커뮤니케이션의 속도는 조금 더 빨라질 것이다. 특히 한국에서는 일상 언어와 동떨어진 법적 언어와 수많은 관용구들이 일반인들의 빠른 이해를 가로막는다. 그리고 제한적으로 도입되고 있는 동영상 증언도 확대될 필요가 있을 것이고 사법에서의 지방분권화도 고려해 볼 수 있을 것이다.

두 번째 방향은 법의 글로벌화에 대응하는 것이다. 비판이론 진영의 하버마스Jürgen Habermas는 "국제법의 입헌화"를 통한 "세계정부 없는 세계적 내정"을 제안한 바 있다.[25] 체계이론과 비판이론을 접목하고 있는 토이브너Gunther Teubner는 "국가 없는 입헌"을 주장하면서 초국가적 헌장들을 통해 초국적 기업들을 규제하는 방안을 제시한 바 있다.[26]

게 된다"고 말한다. 법은 이런 잉여 능력을 통해 사회 내부에서 아직 일어나지 않은 간[......]게 매개 입[......]기 [......] 예[......]하[......] [......]. Niklas Luhmann, Das Recht der Gesellschaft, Frankfurt/M.: Suhrkamp, 1993, pp. 566~567.

24 Niklas Luhmann, Das Recht der Gesellschaft, p. 586.

25 위르겐 하버마스, 《분열된 서구》, 장은주 · 하주영 옮김, 나남, 2009, 147~148쪽.

26 Gunther Teubner, "Verfassung ohne Staat? Zur Konstitutionalisierung

매체와 인간과 사회

매체는 체계가 아니다. 매체는 스스로를 재생산하지 않으며 스스로 기술적 발전을 이룩하지도 않는다. 또한 매체는 물리화학적 실체가 아니다. 인쇄된 책은 종이가 아니며 전자매체로서의 컴퓨터는 전기가 흐르는 쇳덩어리가 아니다. 커뮤니케이션 매체는 오직 커뮤니케이션의 자기생산이 이루어질 때 커뮤니케이션의 연결 가능성을 높일 뿐이다. 그리고 한 번 형성된 매체는 커뮤니케이션들이 어떤 경로로 이어질 것인지를 제약한다. 이러한 형성과 발전에 있어서 커뮤니케이션 매체는 체계 바깥의 환경으로부터 에너지를 공급받아야 한다. 우선 가장 필수적인 환경이자 구조적으로 결합된 체계들인 심리적 체계들의 동기유발이 이루어져야 한다. 그리고 이 동기유발이 지속되기 위한 인간의 생명체계가 뒷받침되어야 한다. 여러 가지 물리화학적 인프라도 필요하다.

커뮤니케이션 매체의 기능을 위해 필요한 환경 인프라들의 비중은 확산매체와 성공매체가 서로 다르다. 심리적 체계들의 동기유발은 양쪽 모두에 필수적이다. 그런데 확산매체의 기술적 발전을 위해서는 생명체계보다 물리화학적 인프라의 비중이 더 크다. 손동작 등 유기체의 움직임이 필요하긴 하지만 기술적 발전에서 관건이 되는 것은 물리화학적 환경의 뒷받침이다. 종이가 없었다

transnationaler Regimes", Stefan Kadelbach and Klaus Günther(Hg.), *Recht ohne Staat?*, Berlin: Campus, 2011, pp. 49-100.

루만의 매체이론을 통해 본 디지털 시대의 매체 간 긴장 |

면 인쇄 기술은 없었을 것이며, 전기가 공급되지 않으면 전자매체는 사라질 것이다. 하지만 이러한 인프라가 갖추어졌다고 해서 곧 확산매체가 사용되는 것은 아니다. 아무리 놀라운 성능의 컴퓨터라 하더라도 경제적 비용이나 미적 외관 등의 이유로 외면당할 수 있다.

성공매체에 대해서는 인간 바깥의 물리화학적 인프라보다 인간의 유기체가 더 큰 영향력을 갖는다. 화폐는 생필품에 대한 욕구와, 권력은 물리적 폭력과, 진리는 지각에 대한 지각과, 사랑은 섹슈얼리티와 각각 공생 관계를 맺는 매체이다. 하지만 성공매체는 이러한 신체성을 즉각 실현하는 것을 지연시킴을 통해 성립한다. 예를 들어, 사랑은 성관계의 실현을 연기시키면서 그것의 안정적 실현을 보장한다. 그리고 상징적으로 일반화된 커뮤니케이션 매체는 신체적 힘겨움으로 인해 심리적 체계들의 동기유발이 힘든 커뮤니케이션의 성공도 가능하게 한다. 진리는 며칠 밤을 새워 공부할 수 있게 하며, 화폐는 목숨을 건 위험한 노동을 할 수 있게 한다. 그리고 그로 인해 죽게 된 유기체와 그것에 공생하는 의식은 다른 인간의 것들로 대체된다.

확산매체의 기술적 발전은 분명 커뮤니케이션의 자기생산 양상을, 즉 현대사회의 구조를 변화시키는 촉매가 될 것이다. 하지만 그 촉매는 심리적 체계들과 더 밀접하게 얽혀 있는 신체성에 기초하면서도, 그러한 신체성의 극복을 가능하게 한 지독한 커뮤니케이션 매체인 성공매체와의 긴장 속에서만 사회구조적 변화를 일으킬 수 있다. 아직 우리는 인쇄 시대에 성립한 성공매체 중 결정적으로 무력화된 매체를 찾아볼 수 없다. 또한 기능적 분화라는 현대사회의 구조가 여전히 유지되고 있음을 쉽게 알 수 있다.

인문학적 매체 연구는 디지털 멀티 전자매체 기술의 발전이 초래할 변화에 관한 매체이론가들의 성급한 전망을 추종하는 데 머물러서는 안 된다. 또한 섣불리 더 좋은 사회나 더 나쁜 사회 혹은 더 인간적인 사회나 반인간적인 사회를 전망해서도 안 된다. 이 변화가 지금 각각의 성공매체에 미치고 있는 영향을 치밀하게 추적하는 작업이 우선이다. 그리고 이 작업은 매체의 발전이 커뮤니케이션의 상황, 즉 우리의 사회생활에 미치는 변화에 관한 연구이자 그로 인해 일어나는 인간성 자체의 변형에 관한 연구이다.

참고문헌

김성재,《플루서, 미디어 현상학》, 커뮤니케이션북스, 2013.

나병철,《영화와 소설의 시점과 이미지》, 소명출판, 2009.

맥루한, 마샬,《구텐베르크 은하계》, 임상원 옮김, 커뮤니케이션북스, 2001.

옹, 월터 J.,《구술문화와 문자문화》, 이기우 · 임명진 옮김, 문예출판사, 1995.

정성훈, 〈매체와 코드로서의 사랑, 그리고 사랑 이후의 도시〉, 인제대학교 인간환경미래연구소,《인간 · 환경 · 미래》제12호, 2014.

천우성 · 박태우, 〈농협사태를 통한 관리보안의 문제점 연구〉,《한국전자통신학회 학술대회지》5(1), 2011.

크네어, 게오르그 · 낫세이, 아민,《니클라스 루만으로의 초대》, 정성훈 옮김, 갈무리, 2008.

키틀러, 프리드리히,《광학적 미디어: 1999년 베를린 강의》, 윤원화 옮김, 현실문화, 2011.

플루서, 빌렘,《피상성 예찬》, 김성재 옮김, 커뮤니케이션북스, 2004.

하버마스, 위르겐,《분열된 서구》, 장은주 · 하주영 옮김, 나남, 2009.

Heider, Fritz, *Ding und Medium*, Berlin: Kadmos, 2005.

Luhmann, Niklas, *Liebe als Passion*, Frankfurt/M. : Suhrkamp, 1982. (정성훈 외 옮김, 《열정으로서의 사랑》, 새물결, 2009.)

_____, *Soziale Systeme*, Frankfurt/M.: Suhrkamp, 1984.

_____, *Beobachtung der Moderne*, Wiesbaden: VS Verlag für Sozialwissenschaften, 2006 (2. Auflage).

_____, *Die Wissenshaft der Gesellschaft*, Frankfurt/M.: Suhrkamp, 1990.

_____, *Das Recht der Gesellschaft*, Frankfurt/M.: Suhrkamp, 1993.

_____, *Die Gesellschaft der Gesellschaft*, Frankfurt/M.: Suhrkamp, 1997. (장춘익 옮김, 《사회의 사회》, 새물결, 2014.)

Mario Grizelj, "Medien" in Oliver Jahraus and Armin Nassehi, *Luhmann Handbuch*, J. B. Metzler, 2012.

Teubner, Guntehr, "Verfassung ohne Staat? Zur Konstitutionalisierung transnationaler Regimes", Stefan Kadelbach and Klaus Günther(Hg.), *Recht ohne Staat?*, Berlin: Campus, 2011.

루만의 매체이론을 통해 본 디지털 시대의 매체 간 긴장 |

기술사회에서 가벼운 '연결'과 버거운 '관계'의 혼란

심지원

낯선 존재의 등장

아주 오래전 TV에서 개 사료 광고를 보았다. 너무 오래되어서 그 시기가 언제인지 정확하게 기억하기는 어렵지만, 개 사료나 간식을 TV에서 광고한다는 사실은 당시 나뿐만 아니라 많은 사람들에게 충격이었다. 그 이후 오랜 시간이 지나서 개를 위한 TV, 개를 위한 유치원 · 미용실 · 호텔이 등장했고, 사람들은 개에게 애완동물 대신 반려동물이라는 칭호를 부여하였다. 오늘날 개를 반려동물이 아닌 애완동물로 보는 사람들은 동물에 대한 인식이 낮은 사람으로 간주되기도 한다. 반려동물을 위해 수백만 원의 수술비를 지불하고, 반려동물 돌봄 문제로 가족의 여행 스케줄을 변경한다. 동물병원에 가면 반려동물을 아이 부르듯 누구야, 누구야 하며 부르는 사람들을 흔하게 볼 수 있다. 마당에서 키우던 개들은 인간의 거실로, 침실로 점점 더 가까워졌고, 물리적 거리뿐만 아니라 심리적으로도 우리 삶에 가까이, 그리고 소중한 존재로 다가왔다. 개가 죽으면 '강아지를 하늘로 소풍 보냈다'라는 표현을 쓰곤 하고, 사랑하던 반려동물과 이별을 한 사람들은 반려동물 상실증후군을 겪기도 하며 그 정도가 심각할 경우 반려동물을 잃은 슬픔을 견디지 못해서 개의 반려자 또는 소유주가 자살을 택하는 경우도 있다. 어느새 반려동물이 가족 구성원과 거의 동등한, 아니 그보다 더한 지위를 누리는 세상이 되었다. 반려동물이라는 새롭고 낯선 존재와 더불어 우리는 살고 있다.

　하지만 세월은 또 흘러 흘러 이른바 4차 산업혁명의 시대로 인류는 접어들었다. 어제 다르고 오늘 다르게 기술이 질주하고 있는 와중이다. 첨단 기술의 발달로 또 다른 새롭고 낯선 존재들이 우리의 일상 구석구석에 속속들이 침투하고 있다. 사실 전혀 새롭고 낯설기만 한 존재들은 아니다. 영화나 소설 속 상상으로 정서적으로는 이미 친숙하기 때문이다. 기술의 발달로 이 상상 속의 존재들, 즉 로봇이나 인공지능은 영화나 소설 아닌 현실에서 일상적으로 마주치는 대상이 되었다. 로봇청소기, 인공지능 스피커 등이 새로운 동거인으로 우리 침실에 애완동물이나 반려동물처럼 등장했다. 인공지능 로봇청소기, 식기세척기, 건조기 등은 '3대 이모님'이라는 칭호도 부여받았다. 가사도우미 종사자들을 이모님이라고 부르기도 하니, 3대 이모님이라는 말은 로봇청소기·식기세척기·건조기가 이모님만큼 가사에 도움을 준다는 의미일 것이다. 2019년 싱가폴에서 아빠에게 스마트폰을 뺏기자 화가 나서 아파트에서 뛰어내린 소년에 대한 기사가 보도된 적도 있다. 개는 반려자 또는 주인과 떨어질 때 분리불안증을 겪지만, 사람은 스마트폰을 잃어버리거나 사용할 수 없는 경우에 분리불안증을 겪곤 한다. 우리는 가장 가까운 인간인 식구들과도 늘 함께하지 못하지만 스마트폰과는 이미 떼려야 뗄 수 없는 사이가 되었다.

2015년 보스턴다이내믹스사(社)에서 로봇 개의 균형감을 테스트하기 위해 로봇을 발로 차는 행위를 했다. 몇몇 사람들은 로봇을 학대한다고 분노했다. 하지만 로봇의 견고함을 테스트하는 행위를 로봇 학대로 간주하려면 로봇이 과연 학대의 대상이 될 수 있는지 먼저 따져 봐야 한다. 휴대전화기를 던져서 부수었다고 해서 휴대전화기를 학대했다고 주장하는 사람은 없을 것이기 때문이다. 2020년 코로나로 인해 축구경기장에 관중이 없자 FC서울측은 축구경기장 관중석에 리얼돌처럼 보이는 인형들을 가져다 놓았다. 많은 이들이 불쾌해했고, FC서울은 사과를 했고 결국 징계 처분을 받았다. FC서울 측은 인형을 생산한 회사가 리얼돌 제작과는 상관없다는 사실을 사전에 확인했다고 해명했다. 이 해명이 정직하다면, FC서울 측은 리얼돌을 성 산업과 무관한 단순한 인형이라고 여긴 탓에 관중석에 놓아두었을 것이다. 반면 그 인형에 불쾌감을 느낀 시민들은 단순한 인형이 아니라 성 산업에 활용되는 리얼돌로 인지하였기 때문일 것이다.

새롭고 낯선 존재들이 끊임없이 생겨나고 있다. 하지만 그 존재들을 대하는 사람들의 입장과 태도는 각기 다르다. 누군가에게는 '그것'이지만 누군가에게는 그것 이상인 존재이다. 마치 오래전 개를 집 안 실내에 들였을 때 다양한 반응이 나왔듯 누군가는 개를 애완견으로, 또 누군가는 반려견으로 생각했지만, 또 다른 누군가는 개를 식용의 대상 이외에는 달리 생각하지 않기도 했다. 사람들은 인공지능이나 로봇과 같은 존재들을 어떻게 생각하고 있을까? 결론부터 말하자면, 아마 혼란스러울 것이다. 관계와 연결이라는 존재의 서로 다른 두 가지 양태를 축으로 그 혼란스러움을 잠시 들춰 보자.

인간과 인간 사이의 '관계'와
인간과 기계 사이의 '연결'

'연결'이라는 단어를 인터넷 포털 사이트 국어사전에서 검색하면 '사물과 사물을 서로 잇거나 현상과 현상이 관계를 맺게 함'을 의미한다고 나온다. 그 활용 사례로는 주로 '무선연결', 'PC 연결' 등이 뒤따른다. '인터넷이 연결되었습니다'라는 문구는 개인이 인터넷이라는 거대한 세상 속으로 진입함을 의미한다. 누군가가 인터넷에 연결되는 순간, 그는 새로운 세상을 만날 수 있다. 순간이동으로 먼 나라를 가듯, 인터넷으로는 어디라도 (컴퓨터 성능이나 인터넷 환경이 좋은 경우) 단 몇 초 안에 갈 수 있다. 세상 안에 또 다른 세상이 있고 전혀 다른 세상이 꼬리에 꼬리를 물고 계속 나타난다. 인터넷과 연결된 사람은 연결의 홍수 속에서 수많은 문자나 이미지 또는 영상을 통해 다양한 체험도 할 수 있다.

'관계'라는 단어를 인터넷 포털 사이트에서 검색해 보면 뜻밖에도 '19금' 영화 〈관계〉가 눈에 띈다. 국어사전에 나오는 관계의 정의 중에도 '남녀 간의 사랑을 완곡하게 부르는 말'이 있다. '고통스러운 관계 떠나기', '관계에도 연습이 필요하다', '관계를 정리하는 중입니다' 등과 같은 다양한 책 제목을 볼 수 있다.

'관계'와 '연결'이라는 단어의 이런 정의와 용례에 비추어 간접적으로 '관계'와 '연결'의 쓰임을 추측해 볼 수 있다. '관계'는 주로 인간과 인간 사이를 대상으로 활용되며, 인간과 인간 사이를 가리키는 데 '연결'이라는 단어를 사용하는 경우는 많지 않다. 물론 인간이 다른 인간을 수단으로 대하는 경우도 있으니, 인간과 인간 사이더라도 관계 아닌 연결이라는 단어를 사용할 수도 있다. 이렇게 관계와 연결이라는 단어의 서로 다른 쓰임은 존재의 서로 다른 두 가지 양태를 반영한다. 우선 정서적으로 타인과의 관계가 끝날 경우 사람은 아픔, 슬픔 혹은 시원함과 같이 다양하거나 복합적인 감정들을 떠올린다. 반면 인간이 기계를 사용할 수 없을 경우에는 아마도 불편함과 같은 감정이 우선 떠오를 것이다. 물론 안경과 같은 도구는 사용할 수 없을 때 불편함의 정도가 아니라 일상의 삶이 불가능해지기도 하지만 말이다. 또 컴퓨터와 연결될 필요가 전혀 없는 사람도 있을 테고, 컴퓨터 없이는 아예 생계가 곤란한 사람도 있을 것이다.

인간은 대체 불가능하고 도구나 기계는 대체 가능하다는 점에서 '관계'와 '연결'을 뒷받침하는 전제 자체가 다르다. 인간이 기계와 연결하는 이유는 기능적인 필요이고, 그렇기 때문에 연결에 있어서는 효율성이 중요하다. 하지만 인간과 인간 사이의 관계는 원칙적으로는 효율성을 목적으로 하지 않는다. 인간이 다른 인간을 수단화해서는 안 되기 때문이다. 인간과 인간이 관계를 맺는 일에는 의무와 책임이 뒤따른다. 이러한 의미에서 연결은 가벼운 반면, 관계는 무겁고 때로는 버겁기도 하다.

아침에 일어나서 '네이버 클로바NAVER CLOVA'에게 오늘 날씨가 어떤지를 묻는다. 나의 목소리를 잊었는지 내 말을 잘 이해하지 못하는지, '네이버 클로바'가 갑자기 마룬5의 노래를 크게 들려준다. 이웃에 방해가 될 것 같아서 음악을 멈추라고 몇 번을 소리치자 음악을 멈추기는커녕 오히려 '입력되지 않은 단어입니다'라는 대답이 돌아온다. 마치 말을 배운 지 얼마 안 된 아이가 어른 같은 소리를 했을 때 기특하기도 하고 놀랍기도 하듯, 순간 '요놈 봐라'라는 생각이 든다. 약간의 실랑이 끝에 '네이버 클로바'는 음악을 멈춘다. 사람들은 이 새로운 존재들과 단지 연결되어 있을 뿐인가? 티격태격하는 모양새를 보면 관계를 맺고 있다고도 할 수 있지 않을까? 관계라는 존재 방식이 이젠 인간들만의 영역을 넘어 인간과 기계 사이에서도 가능하도록 확장되었을까? 가벼운 연결과 버거운 관계가 혼란스럽게 뒤얽혀 있는 기술사회에서 무엇과는 연결되고 무엇과는 관계를 맺는다고 할 수 있을까? 인간이 기계와 연결을 넘어 관계를 맺는 일이 가능해졌을까, 아니면 아직도 불가능할까? 반려동물의 경우와 마찬가지로, 사람마다 다르다? 규범적인 접근은 불가능하고, 기계와 연결을 시도하든 관계를 맺든 단지 각자의 취향이나 선호에 맡겨 두어야 하는 문제일까?

'연결'과 '관계'의 혼란스러움

기술사회에서 인간은 수많은 기계와 무수하게 연결되어 있다. 하지만 어떤 연결은 진짜 연결인지 아니면 관계인지 애매하다. 인간이 기계와 단순히 접속되는 상태를 넘어 인간이 기계에 모종의 감정을 느끼는 일이 심심찮게 벌어지기 때문이다. 하지만 결론을 미리 말하자면 인간이 기계와 진짜 관계라는 것을 맺을 수 있으려면 그 기계가 이른바 '강^强인공지능'이어야 한다. 그럼에도 기계가 연결이 아닌 관계를 맺고 있다고, 혹은 관계를 맺을 수 있다고 착각하는 이유는 다음 세 가지 정도이다. 첫째, 인간과 기계 사이에서 나타나는 많은 행동이 인간과 인간 사이의 관계 양상과 비슷하다. 둘째, 인간과 기계가 연결된다고 해서 모든 연결이 동일한 의미를 갖는 것은 아니며, 연결의 종류나 층위도 매우 다양하다. 셋째, 인공지능이나 로봇과 같은 기계에 지나친 수사적 표현을 자주 사용하며, 강인공지능이 현재 존재하지 않음에도 불구하고 존재하는 것처럼 논의가 진행되기도 한다. 세 가지 이유에 대하여 좀 더 자세하게 살펴보자.

인간과 기계 사이의 '관계'라는 착각

기술이 발달한 오늘날에도 여전히 관계는 인간과 인간 사이에서만 가능한 것일까? 일본에서는 로봇 개가 더 이상 작동하지 않자 로봇 개를 위한 장례식을 치른 적이 있다. 영화 〈그녀Her〉는 한술 더 뜬다. 주인공 테오도르가 사랑에 빠진 대상은 아예 AI 소프트웨어이다. 물리적 실체, 즉 몸이 없는 존재이다. 하지만 주인공과 AI 소프트웨어 아만다가 나누는 대화는 여타의 인간들과 다름없어 보인다. 이런 사례를 보면, 관계라는 것이 인간과 인간 사이에서만 가능한 영역이라는 견해는 경직된 사고 탓에 생겨난 인간적인 편견은 아닌가 하는 의구심이 든다. 이런 의구심을 지지하는 흥미로운 실험 결과도 있다. EBS가 방영한 다큐프라임 〈4차 인간〉에서는 권위에 대한 복종과 관련된 유명한 '밀그램 실험'을 기계에 적용한 실험 결과를 보여 준다. 밀그램 실험이 인간이 인간의 고통에 얼마나 공감하는지 알아보려 했다면, 변형된 이 실험은 인간이 기계의 고통(?)에 얼마나 공감하는지 알아보려고 했다. 이 실험은 참가자들이 기계가 오작동할 때 폐기 또는 폐기하지 않음을 선택할 수 있도록 설계되었다. 실험 결과, 기계(인공지능 스피커)를 처음 본 사람들 가운데 91퍼센트가 기계를 폐기하는 킬KILL 스위치를 누른 반면, 기계와 일주일간 시간을 보낸 참가자들 가운데에서는 27퍼센트만이 킬 스위치를 눌렀다. 참가자 중에는 킬 버튼을 누르고 혼란스러운 감정을 드러내 보이는 사람들도 있었고 심지어는 눈물을 흘리는 사람도 있었다. 인간과 인간이 서로에게 애정을 갖고 정성을 쏟아 가며 관계를 맺듯, 인간이 기계에 정성을 쏟기도 하고 자신의 속마음을 털어놓기도 하면서 최초로 기계를 만났을 때와는 달리 강한 상호작용과 교감을 하게 되었다는 해석이 가능하다. 이 사례들을 종합해 보면, 인간이 기계와도 관계를 맺을 수 있다는 결론이 억지스러운 주장만은 아닌 듯하기도 하다.

모 세탁기 광고에서 한 여성은 친구에게 '얘는 좀 다른 것 같아'라고 말한다. 기존의 세탁기와는 달리 인공지능이 세탁물의 오염도에 따라 시간을 변경하고, 맞춤건조를 하고, 세탁물의 주머니에 무엇인가 들어 있다는 것을 알려 주기도 한다. 비 오는 날에는 탈수의 세기를 더 강하게 조절하며, 세제 양도 다 알아서 조절한다. 세탁기라는 사물이 이러한 센스가 있다고는 도저히 믿기 어려울 정도이다. 바로 이러한 뛰어난 기능들 때문에 사람들은 인공지능 세탁기를 '3대 이모님' 중 하나로 손꼽을 것이다. 세탁기에 대한 찬사는 여기까지만 하자. 이러한 세탁기는 살림에 능숙하지 못한 인간보다 뛰어나며, 식구가 많거나 세탁을 자주 해야 하는 사람에게 그 세탁기의 존재는 매우 소중할 것이다. 소중하다고 해서 인간이 세탁기와 관계를 맺는 것은 아니다. 세탁기를 유용하게 활용하는 사람에게 세탁기에 대한 애착이 생겼을 뿐이다. 애착은 관계가 아니다. 관계는 여전히 인간과 인간 사이에서만 이루어진다. 관계라고 생각하지만, 인간과 세탁기 사이에 맺어진 존재의 양상은 사실 인간과 인간 사이의 진짜 관계를 흉내 낸 것에 불과하다. 그리고 착각한다. 그것도 관계라고. 수천 년 전에 이미 철학자 아리스토텔레스는 애호와 친애를 구분했다. "무생물에 대한 애호는 친애라고 말하지 않는다. 무생물에게는 (상대에게) 호응하는 사랑이나 상대방이 잘되기를 바라는 마음이 없기 때문이다(포도주가 잘 되기를 바라는 것은 우스운 일일 것이기 때문이다. 만약 그렇게 바란다면 포도주가 잘 보존되어 나중에 자신이 갖게 되길 바랄 뿐이다)."[1]

기호의 대상에서 규범의 대상으로: 신체 보형물

인간중심주의에서 벗어나려는 다양한 시도들 가운데 우리말 물질문화학 또는 물품문화학으로 옮길 수 있는 Mmaterial culture studies라는 신생 학문 분야가 있다. 인간의 입장에서 물질과의 관

---

1 아리스토텔레스, 《니코마코스 윤리학》, 이창우 · 김재홍 · 강상진 옮김, 이제이북스, 2009, 281쪽.

계를 보지 말고 물질 그 자체의 의미에서 인간과의 관계를 보자는 것이다. 둘 중 어디에 무게를 두고 시작하느냐에 따라서 논의의 방향이 180도 달라진다. 인간의 관점에서 물품이나 사물에 인간의 통제 아래 있는 도구로서의 역할만을 부여했던 과거와 달리 물품이나 사물을 중심으로 논의를 구성해 보면, 물품이나 사물이 인간에 지대한 영향력을 미쳤다는 사실을 확인할 수 있다. 재레드 다이아몬드Jared Diamond의 유명한 베스트셀러《총, 균, 쇠》를 보면, 인간 아닌 비인간 존재들이 마치 인류의 운명을 좌우한다고 해도 과언이 아닌 듯하다. 앞에서 기술의 발달로 인해 새롭고 낯선 존재들이 등장한다고 했는데, 이러한 새롭고 낯선 존재들 내에는 분류하기가 쉽지 않은 기계들이 존재한다. 단지 기능성만 따지면 그만인 도구나 수단으로 치부하고 말기에는 석연치 않은 부분이 있다. 가령 의족이나 의수와 같은 신체 보형물은 다른 기계들과 동일한 취급을 하기에는 문제가 있다. 오스트레일리아 특수부대 병사들이 사망한 적군의 의족을 맥주잔으로 사용한 사진이 기사로 보도되어서 논란이 된 적이 있었다.[2] 다른 사물이나 기계라면 맥주잔으로 사용한다고 해서 논란이 되지는 않을 것이다. 하지만 이 기사가 논란이 된 이유는 의족을 맥주잔 대용으로 사용해서는 안 된다는 암묵적이지만 광범위한 정서적 합의가 있었

---

2 〈사망한 적군 의족을 맥주 잔으로…호주 특수부대 만행 또 폭로돼〉,《서울신문》 2020년 12월 1일자.(검색일 2020. 02.) https://nownews.seoul.co.kr/news/newsView.php?id=202 01201601013&wlog_#csidx7a90d6d3b1929f5b6ad7f0cc341db4e

기 때문이다.

2016년 리우데자네이루장애인올림픽(패럴림픽) 육상 투포환에서 동메달을 딴 남아프리카공화국의 장애인 선수가 의족 때문에 비행기 탑승을 거부당한 일이 있었다.[3] 국내의 사례도 있다. 2010년 의족을 착용하고 아파트 경비 일을 하던 양 씨는 자신이 일하는 아파트 단지에서 제설 작업을 하다가 눈길에 넘어지면서 의족이 파손(?)됐다. 양 씨는 일을 하다 다쳤으니 업무상 재해라며 근로복지공단을 상대로 요양급여를 지급해 달라는 소송을 냈지만, 처음에는 양 씨의 주장이 받아들여지지 않았다. 1, 2심 재판부는 현행법상 '업무상 부상'의 범위에 의족은 포함되지 않는다고 판결했다. 하지만 대법원의 판단은 달랐다. 대법원은 장애인에게 의족은 단순한 보조기구가 아닌 사실상 다리나 마찬가지라고 봤고, 업무상 부상의 대상 역시 타고난 신체 외에 의족 또한 포함한다며 양 씨의 손을 들어 줬다.[4]

의족 역시 무생물체이며 자유의지를 지닌 인격체가 아니기 때문에 인간이 의족과 진정한 의미의 관계를 맺을 수는 없다. 하지만 장애인과 의족이 맺는 연결은 인간이 일반적인 기계와 맺는 연결과는 다르다. 인간과 기계 사이에 다양한 종류의 연결이 존

---

3 〈"의족 낀 채 비행기 탑승 거부당했다" 투포환 동메달리스트의 울분〉, 《서울신문》 2016년 9월 21일자.(검색일 2020. 02.) https://www.seoul.co.kr/news/newsView.php?id=20160921500051&wlog_tag3=naver

4 〈대법원, '의족도 신체의 일부, 일하던 중 파손이 생기면 업무상 재해' 판결〉, 《여성종합뉴스》 2014년 7월 14일자.(검색일 2020. 02.) http://www.womannews.net/detail.php?number=25786

재하지만 그 종류에 따라 의미의 층위도 다양할 것이다. 단순히 선호를 넘어서 규범의 차원에서 접근해야 하는 연결도 있다. 장애인에 연결된 의족이 바로 그 사례이다. 안경이나 가발을 쓴 승객 가운데 비행기 탑승을 저지당한 경우는 없을 것이다. 게다가 다수는 노트북과 같은 전자기기를 동반한다. 그런데 왜 의족에 연결된 장애인은 비행기에 탑승할 수 없었을까? 비행기 탑승을 저지한 사람은 의족에 연결된 사람이 의족에 대해서 지닌 주관적인 생각, 정서적 상태, 타인과 사회와의 관계, 그가 처한 다양한 상황과 맥락을 살펴보지 못한 것 같다.

기계에 대한 수사 과잉 그리고 강한 인공지능과의 혼동

인공지능에 대한 이야기를 가장 많이 들을 수 있는 방송이 있다. 바로 바둑 채널이다. 2016년 바둑기사 이세돌과의 대국으로 전 세계를 충격에 빠뜨렸던 '알파고AlphaGo' 이후 바둑 인공지능은 눈부신 발전을 거듭했다. 알파고의 실력도 버전이 높아짐에 따라 급상승했고, 바둑 주도국인 한, 중, 일 3국을 중심으로 여러 바둑 인공지능이 개발되고 상용화되었다. 이제 바둑 인공지능은 인간이 감히 범접하기 힘든 월등한 실력을 갖추고 있다.

바둑 인공지능의 출현은 당연히 바둑이라는 인간 문화의 양상을 전면적으로 뒤흔들어 놓았다. 바둑 방송을 보면 그 변화가 고스란히 드러난다. 가장 눈에 띄는 변화는 인간 기사들 간의 대국을 인간이 해설하는 종래의 방식에 더해, 인공지능 승률 그래프가 해설 화면에 도입되었다는 점이다. 인간 대국자들이 놓는 매 수에 대해 바둑 인공지능이 즉각 평가하고 승률 그래프에 반영해 보여준다. 인간보다 우월한 실력을 지닌 바둑 인공지능의 평가인 까닭에, 승률 그래프는 승부 예측의 근거로 의심 없이 받아들여진다. 덩달아 바둑 인공지능의 평가를 해석해 시청자들에게 전달하는 일이 인간 해설자의 역할 중 큰 비중을 차지하게 되었고, 시청자들은 승률 그래프 막대의 출렁임에 순간 기뻐하고 안타까워한다. 인간 프로 바둑기사들이 이미 바둑 인공지능을 스승 삼아 공부하고 있는 사정을 떠올리면, 이 정도는 사실 놀랄 일도 아니다.

바둑계에서는 이렇게 인공지능이 다른 영역보다 활발하게 활용되고 있다. 아니, 활용 정도가 아니라 그새 어찌나 친숙해졌던지 인간 최고수 신진서의 별명은 아예 '신공지능'이고, 인간 기사들은 바둑 인공지능을 '인공'이라는 애칭으로 부르며, 해설자는 인공지능이 무슨 무슨 '생각'을 한다는 표현을 즐겨 쓴다.

의료용 인공지능인 IBM의 '왓슨Watson'은 '의사 왓슨'이라는 별명으로 불리기도 한다. 사실 이 이름은 적절하지 않다. 왓슨은 의사에게 치료법을 비추천, 추천, 강력추천으로 나누어 제시할 뿐이다. 왓슨은 유용한 도구에 지나지 않는다. 그럼에도 불구하고 여전히 수많은 미디어에서는 '의사 왓슨'이라는 표현을 주저 없이 사용하고 있다. 왓슨이 우리나라에 도입되었을 초기에는 환자가 '의사 왓슨'과 '인간 의사' 중 누구를 더 신뢰하느냐는 설문 조사 결과가 심각하게 신문이나 뉴스에서 보도될 정도였다. 하지만 왓슨에게 의사라는 칭호가 부여 가능하다면, 의사를 도와주는 유용한 다른 의료기기들에도 의사라는 표현이 사용 가능할 것이다.

의사는 병을 진단하고 그에 따른 의료적 개입을 통해 병을 치료한다. 진단에 도움을 주는 의료용 인공지능인 왓슨에게 인간 의사와 동등한 지위를 부여할 근거는 전혀 없다. 그러니 왓슨에게 의사라는 표현을 사용할 경우 오히려 의사의 역할을 매우 축소시키는 셈이 된다. '다빈치 수술로봇 시스템'이 우리나라에 도입된 이후, 많은 병원들이 로봇 수술센터에 대한 홍보를 하고 있다. 미디어에서는 '로봇 수술'과 '수술로봇'을 별다른 구분 없이 사용하고 있으며, 때로는 '의사 왓슨'처럼 '로봇 의사'라는 말을 사용하기도 한다. 물론 다빈치 시스템은 첨단 기술의 집적체이고, 그 덕에 치료 부위를 수십 배나 명료하게 관찰하고 정교하게 수술할 수 있게 되었다. 하지만 의사라는 별명은 이 시스템의 경우도 부적절하다. 인간 의사가 다빈치 수술로봇 시스템을 도구로 사용할 때만 수술이 가능한 탓이다. 이 수술로봇 시스템 역시 의사가 수술할 때 보조적인 역할을 할 뿐 로봇 의사라는 말을 사용하기에는 그 독립성이 로봇청소기보다 못하다. 로봇청소기는 버튼만 누르면 혼자서도 청소를 잘하지만, 다빈치 수술로봇 시스템의 경우 의사의 도움 없이는 수술이 아예 불가능하다.

아마도 기계에 대한 이렇듯 과한 수사적 표현이 난무하는 이유는, 사람들이 강한 인공지능에 대한 논의에 너무 익숙해져 있어서일 것이다. 어쩌면 강한 인공지능이 출현하기를 간절히 바라는 마음이 반영된 결과일 수도 있다. 〈바이센테니얼 맨Bicentennial Man〉(1999), 〈에이아이A.I.〉(2001), 〈엑스 마키나Ex Machina〉(2015)와 같은 영화 속의 주인공인 강한 인공지능과, 별것 아닌 명령조차 제대로 잘 알아듣지 못하는 현실 속 인공지능 스피커 간의 현격한 차이를 망각해서는 안 된다.

인공지능에 대한 여러 가지 오해들은 인공지능에 대한 개념 규정이 명확하지 않고 혼란스러운 사정에서 비롯되기도 한다. 그런 와중인데 세간에서는 대체로 인공지능을 특정한 기계와 마찬가지로 제한된 물리적 실체를 지닌 어떤 대상으로 인식하는 경향이 강하다. 하지만 인공지능은 데이터를 수집하는 초기 단계까지 포괄하므로 좀 더 폭넓게 '인공지능 시스템'으로 이해해야 한다. 또 인공지능 기술은 독립적으로 활용되기보다는 다른 기술과 연동되어 쓰이곤 하는 특징을 지닌다. 인공지능을 정의해 보면 다음과 같다. "인공지능은 시스템으로, 인간이 규정한 목적에 따르는 기계 기반의 자동화된 행위자이다. 인공지능 시스템은 인간의 목적에 따라, 인간에 의해 설계된 소프트웨어 시스템(하드웨어를 포함할 수 있다)을 기반으로, 데이터를 받아들이고 내부적으로 분석하여 외부 환경에 영향을 주는 행위를 수행한다. 시스템은 내적 작동 논리에 따라 데이터를 분석하고 추론하여 현실적(예: 물리적, 사회적, 정신적) 혹은 가상적(예: 디지털 게임 등) 환경에 영향을 미치는 행위(예측, 권고, 의사 결정 등)를 수행한다. 인공지능의 자율성autonomy 수준은 인공지능의 목적에 따라 다르며 다양하다. 여기서 자율성은 인간이 개입하지 않는 자동화automated를 의미하는 것으로, 철학의 오랜 탐구 대상으로서 자율성과 그 함의가 다르다."[5]

---

5 허유선 · 이연희 · 심지원, 〈왜 윤리인가: 현대 인공지능 윤리 논의의 조망, 그 특징과

인간과는 다른 존재

로봇과의 사랑이 가능한가를 논의하면서 주로 드는 사례는 흑인과 동성애자의 사회적 지위이다. 과거에는 백인과 흑인 간의 사랑이나 결혼, 동성애자들의 사랑이나 결혼이 어려웠다. 하지만 오늘날은 다르다. 사람들의 인식이 얼마간 바뀌어 백인과 흑인 간의 사랑이 별다른 문제 없이 가능해졌고, 동성애자들의 결혼이 인정되는 나라나 지역도 있다. 이렇듯 사회에서 용인되는 사랑의 대상이 확장되어 온 까닭에, 같은 맥락에서 인간과 인간 간의 사랑을 넘어 인간과 로봇 간의 사랑이 가능한가에 대해 주로 긍정적인 측면에서 논의하는 경향이 생겼다.

하지만 이러한 논의는 단지 금지에 대한 사회적 인식의 변화가 때로 발생하며, 용납되지 않았던 많은 것들이 그 인식의 변화에 발맞추어 용납되기도 한다는 전혀 다른 차원의 정치사회적 사실을 지적하고 있을 따름이다. 흑인과 백인의 사랑이 가능해지고, 동성애자들의 사랑도 그 운신의 폭이 과거에 비해 조금은 넓어졌다고 해서, 사랑의 대상이 인간과 인간 사이를 뛰어넘어 인간과 로봇과의 사랑으로까지 점점 더 확대되리라 단언하기 어렵다. 이런 주장이 가능하려면 흑인과 동성애자처럼 로봇도 인간과 같은 수준의 이성과 자유의지 그리고 공감 능력을 갖춘 인격체로 간주할 수 있어야 할 텐데, 적어도 현재의 로봇은 그렇지 못하다. 상상

한계〉, 《인간환경미래》 24, 2020, 182~183쪽.

해 보자. 어떤 로봇과 사랑에 빠졌다. 연인 관계에서 크거나 작은 다툼은 일상적인 일이다. 하지만 로봇 애인은 간편한 구석이 있다. 애인의 전원을 꺼 버리면 그만이기 때문이다. 로봇의 전원을 꺼 버림으로써 불필요한 감정 소모를 줄일 수 있다. 그런데 그 관계가 연결 아닌 진짜 관계일까? 관계는 서로 간의 책임과 의무를 요구하고 있지 않나? 관계 아닌 연결, 사랑 아닌 애착에 불과하지 않을까? 숙고가 필요한 문제이다.

  물론 영화 속에서나 볼 수 있는 강한 인공지능이 멀거나 가까운 미래 그 언젠가 실현된다면 가능할지도 모르겠다. 하지만 이 강한 인공지능의 출현이 과연 기술적으로 가능한지 그리고 가능하다면 존재론적으로 어떤 지위를 지니는지에 대해서는 나로서는 자신 있게 답하기 어려우니 이만 줄이도록 하자.

참고문헌

심지원, 〈왜 윤리인가: 현대인공지능 윤리 논의, 그 특징과 한계〉, 《인간환경미 래》24, 인간환경미래연구원, 2020, 165~209쪽.

_____, 〈의족을 훔치는 행위는 상해죄인가 절도죄인가: 보형물을 신체 의 일부로 규정할 수 있는 기준〉, 《과학철학》 18(3), 과학철학회, 2015, 177~195쪽.

아리스토텔레스, 《니코마코스 윤리학》, 이창우·김재홍·강상진 옮김, 서울: 이제이북스, 2009.

인터넷 자료

http://www.kookje.co.kr/news2011/asp/newsbody.asp?key=20170224. 22019185943

https://nownews.seoul.co.kr/news/newsView.php?id=20201201601 013&wlog_tag3=naver

http://www.seoul.co.kr/news/newsView.php?id=20160921500051&wlog_ tag3=naver

http://www.womannews.net/detail.php?number=25786

헤르메스가 엄지세대에게

미셀 세르의 정보철학과 초연결 사유

이지선

이 글은 2021년 2월 인포스피어 휴머니티를 위한 정보철학 연구단 주관 공동학술대회(학술대회명 '포스트-트루스 시대의 인간과 정보공간') 발표문을 수정, 보완한 것이다.

미셸 세르Michel Serres(1930~2019)는 프랑스를 대표하는 현대철학자 중 한 명이다. 과학, 철학, 예술을 막론하고 다방면에 걸친 방대한 지식을 바탕으로 오늘날 보기 드문 백과전서적 사상을 전개했으며, 라디오와 텔레비전 등 각종 방송 출연으로 대중에게도 익숙한 편이었다. 그런데 프랑스 철학에서 그의 위치는 말 그대로 특이singulier하다. 해군사관학교에 입학해 수학 학사학위를 받고 졸업했지만, 이후 진로를 바꾸어 고등사범학교에 입학하여 철학 교사 자격과 철학 박사학위를 받는 등 베르그송Henri Bergson, 사르트르Jean-Paul Sartre, 메를로-퐁티Maurice Merleau-Ponty, 캉기옘Georges Canguilhem 등 대가들이 거친 전형적인 엘리트 코스를 밟았다. 그러나 프랑스 철학 학계에서는 어디까지나 주변부에 머물렀다. 철학과에 자리를 얻는 대신 파리1대학에서 과학사를, 미국 스탠퍼드 대학 불문학과에서 강의했다.

이 특이한 경력은 그의 작가적·학문적 편력으로 어느 정도 설명된다. 1968년 박사학위논문 《라이프니츠의 체계와 그 수학적 모델Le Système de Leibniz et ses modèles mathématiques》을 출간한 후 2019년 작고하기까지 단독 저서만 60여 권에 달하는 다작을 남겼지만, 사실 "대작", 심지어 "대표작"이라 할 만한 저서는 눈에 띄지 않는다. 저술 스타일도 예사롭지 않다. 830쪽에 달하는 박사논문과 초년에 학술지에 발표한 논문을 모은 총 5권의 《헤르메스Hermès》(1969~1980)를 제외한 다른 저술은 대중서로도 학술서로도 분류되기 힘든 구성과 문체로 유명하다. 그런 나머지 그를 이해하려면 저서보다는 그가 출연한 방송, 대담, 강연 등을 찾아보는 편이 낫다는 말이 있을 정도다.

　세르가 참조하는 저자나 저술도 분야와 시대를 종횡무진하는 터라 종잡을 수가 없다. 박사논문 이후로 꾸준히 그리고 다양한 맥락에서 저술에 등장하는 라이프니츠G. W. Leibniz를 위시하여 루크레티우스Lucretius, 데카르트René Descartes, 파스칼Blaise Pascal, 베르그송 등 가장 정통적인 의미의 철학자들 외에도 오귀스트 콩트Auguste Comte와 루트비히 볼츠만Ludwig Boltzmann 같은 과학자-철학자, 그리고 쥘 베른Jules Verne이나 에밀 졸라Emile Zola 같은 작가는 물론이요, 헤르메스, 동 쥐앙, 신데렐라, 에르제Hergé의 연작만화 탱탱Tintin, 〈이솝 우화〉의 시골쥐와 도시쥐에 이르기까지 현실과 가상의 인물들을 아우른다. 철학 고전들을 두루 섭렵하고 콩트의 《실증철학 강의Cours de philosophie positive》(1975)의 비평판 편집 및 1980년부터 2005년까지 출판된 '프랑스어 철학 저작집Corpus des oeuvres de philosophie en langue française' 총서의 책임편집을 맡는 등 철학사가로서 역량을 충분히 입증한 바 있지만, 그만의 고유한 철학이 무엇인지, 아니 그만의 고유한 철학이라 할 만한 것이 있는지조차 불분명한 것이 사실이다.

　이러한 특성은 세르 스스로 말하듯, 그가 보편성universalité이나 일반성généralité보다는 총체성totalité을 추구한다는 사실에서 비롯된다. 그가 추구하는 총체성은 개별자들을 보편자에 종속시키는 보편주의universalisme나 보편의 이름 하에 개별자를 아예 사장하는 전체주의totalitarisme와 다르다. 각 개별자들이 지닌 특이성singularité을 충분히 고려하고 그중 어느 하나도 누락되지 않도록 배려하는,

말하자면 세심한 총체성이다. 여기에는 지식의 생산이 한 영역에만 국한되는 것이 아니라 모든 영역에서의 지적 생산과 관련을 맺는다는 전제가 깔려 있기도 하다. 세르는 한 시대를 공유하는 철학자, 과학자, 예술가들이 푸코Michel Foucault가 《말과 사물》에서 말하던 에피스테메episteme를 공유한다고 본다.[1] 과학과 비非과학 또는 전前과학 사이, 그리고 과학적 인식과 일상적 인식 사이의 바슐라르적 구분은 큰 의미가 없다. 터너William Turner와 같은 화가들, 발자크Honore de Balzac와 졸라와 같은 작가들은 동시대의 철학자나 과학자인 콩트, 카르노N. L. S. Carnot, 베르그송, 볼츠만에 대해 서로를 해명하고 설명한다는 점에서 같은 비중으로 다루어질 필요가 있다는 것이 세르의 주장이다.

정보information, 그리고 이와 관련되는 개념인 소통/통신communication과 연결망réseau/network은 이 방대한 사유를 관통하는 주제라 할 수 있다.[2] 세르는 언제나 동시대 과학이론에 대한 관심을 놓치지 않

1　푸코의 《말과 사물》에 대한 세르의 논평은 M. Serres, *Hermès I. La communication*. Paris: Éditions de Minuit, 1969, pp. 167-205 참조.

2　"소통은 내 작업의 중심축 중 하나입니다. 애초에 나는 최초의 소통의 철학자인 라이프니츠를 연구했습니다. 26~27세에 내가 처음으로 쓴 철학 논문의 제목은 '연결망의 개념'이었습니다. 내게 연결망은 주요한 사고, 추론, 소통의 형식이었습니다. 라이프니츠의 철학도 하나의 연결망으로 보고 이 연결망을 별이나 길 등으로 나누어서 보이고자 했습니다. (⋯) 이렇듯 나는 계속해서 소통에 관해 써 왔습니다. 왜냐하면 이것이 우리 시대의 가장 중요한 변화 중 하나라 생각했기 때문입니다." 장-폴 돌레Jean-Paul Dollé와의 인터뷰, 'A voix nue'(프랑스 국영 라디오 방송 프랑스 퀼튀르France Culture), 2002년 1월.
　여기에서 언급된 세 가지 핵심 개념 중에서 "communication"은 불어나 영어 공히 (의사)소통과 통신을 포함하는 개념이다. 맥락에 따라서 소통 또는 통신이라 써도 별 무리가 없다. 반면에 "réseau"와 이에 해당하는 영단어 "network"에 대한 번역어 선택은

았지만 특히 이들 주제에 대해서는 지속적으로 천착해 왔으며 스스로도 평생에 걸쳐 커뮤니케이션을 사유의 중심축으로 삼아 왔노라고 말한다. 실제로 그는 《헤르메스》 1권에서부터 데카르트와 라이프니츠 등 고전철학이 어떻게 커뮤니케이션의 기틀을 마련했는지를 보였고, 이후 선보인 《기식자Le parasite》(1980)에서는 소통에서 소음 또는 잡음의 문제가 문학과 철학 등에서 어떻게 드러나는지를 다루었으며, 《천사의 전설La légende des Anges》(1993)에서는 메신저와 메시지의 관계를 중세 천사론에서 천사와 천사가 전하는 "말씀"의 관계에 빗대어 해석했다. 정보와 그에 관한 이론information theory(또는 과학informatics)이 세르 사유에서 상당한 비중을 차지하며 이 사유를 이해하는 중요한 실마리인 것은 분명하다.

이 점에서 세르의 사상은 정보철학으로 규정할 수 있다. 정보철학이란 무엇인가? 플로리디Luciano Floridi의 정의에 따르면 정보철학은 "ⓐ정보의 동역학, 정보의 활용, 정보의 과학들을 포함, 정보의 개념적 본질과 기본 원리들에 대한 비판적 탐구이고 ⓑ철학적 문제들에 정보이론적 방법론과 계산적 방법론을 응용하고 정교화하는 데에 관심을 갖는 철학 분야"로, "한마디로 '정보란 무엇인가'

어려운 문제다. 사실 영단어를 음차한 "네트워크"를 쓰는 것이 가장 정확하고 또 편리한 방법이다. 현재 이 외래어가 우리말에서 일상어로 쓰이고 있고, 또 관련되는 개념과 원리 전반을 다루는 분야가 "네트워크이론"이란 이름으로 물리학과 정보과학의 한 분야로 자리잡은 사실을 고려하면 그러다. 그러나 세르가 불어권 학자로서 영미권에서 전개된 정보이론을 받아들이면서도 그 기저에 데카르트와 라이프니츠 등 고전시대 불어권 철학자들의 사유가 있음을 강조한 점을 고려하면, 영단어를 그대로 쓰는 것보다는 그에 대응하는 우리말을 사용하는 편이 세르의 사유에 보다 충실한 방법이라고 생각된다. 이 글에서 "연결망"을 쓰기로 한 것은 그런 이유에서다.

에 대한 명료한 철학적 해명과 더불어 이 정보의 관점에서 다양한 철학적 문제들을 해결"하는 것이 그 주요 과제라 할 수 있다.[3] 정보이론이나 정보과학에 대한 메타담론인 정보철학이 이 대상 학문에 대해서 갖는 특수성은 정보와 관련한 개념과 원리를 분석하고 이것이 철학의 중요한 개념들, 이를테면 지식, 진리, 생명, 의미 등과 맺는 관계를 성찰하는 데에서 찾을 수 있을 것이다.[4]

이 글의 목표는 두 가지다. 첫째, 세르의 정보철학을 개괄하고, 둘째, 이로부터 '초연결시대'로 일컬어지는 21세기 정보사회 및 디지털 문화를 이해하기 위한 사유의 틀을 모색한다. 이를 위해 우선 정보철학의 주요 개념과 문제들을 《헤르메스》 연작을 중심으로 살펴볼 것이다. 특히 세르가 직접 목도한 동시대 정보혁명에서 어떤 인식론적 함축(브리유앵의 정리, 정보와 엔트로피의 관계)과 새로운 해석(잡음의 생성적 또는 구성적 역할)을 이끌어 내는지 보일 것이다. 이어서 2000년대 이후, 특히 《엄지세대La petite poucette》(2012)를 필두로 인터넷과 함께 성장한 새로운 세대, 즉 "엄지세대"에 대한 세르의 관찰을 추적한다.

엄지세대란 "엄지공주Petit Pouce"에서 착안해서 세르가 창안한 신조어로, 스마트폰을 한시도 놓지 않으면서 엄지손가락만으로 능숙하게 다루는 소위 밀레니얼 세대를 지칭한다. 교환, 소통, 발

---

3 김재희, 〈시몽동의 정보철학〉, 《철학연구》 제130집, 철학연구회, 2020, 190쪽.

4 박충식, 〈생명으로서의 인공지능〉, 《인공지능의 존재론》, 이중원 엮음, 한울, 2018, 21~25쪽.

명 등을 관장하는 그리스의 신이자 철학자가 자신의 페르소나로 삼은 헤르메스와 대조된다. 헤르메스가 20세기 통신수단의 발달에 따른 정보혁명, 또는 이른바 3차 산업혁명의 산물이라면, 엄지세대는 1980~90년대 컴퓨터 및 인터넷의 등장과 더불어 시작되었으며 21세기 들어 가속화된 이른바 4차 산업혁명의 총아라 할 수 있다. 헤르메스의 눈에 비친 엄지세대는 어떤 모습인가? 헤르메스는 엄지세대에게서 무엇을 발견하는가? 후속 세대 또는 미래 세대를 바라보는 노老철학자의 시선으로부터 한편으로는 그의 철학을 이해할 단서를, 다른 한편으로는 이 시대를 바라볼 혜안을 찾을 수 있을 것이다.

정보이론과 사이버네틱스

클로드 섀넌Claude Shannon(1916~2001)과 워런 위버Warren Weaver의 《수학적 커뮤니케이션 이론Mathematical Theory of Communication》(이하 MTC)은 정보혁명의 서막을 알린 저작 중 하나다. 이로써 '커뮤니케이션'은 고전적이고 일상적인 의미에서의 '소통' 외에 기술적이고 공학적인 의미에서의 '통신', 즉 최초 정보원이 송신기와 수신기를 거쳐 최종 수신자에게 메시지가 전달되는 과정이라는 의미를 띠게 되었다. MTC의 가장 근본적인 문제는 "한 시점에서 선택된 메시지가 다른 한 시점에서 정확하게 혹은 근사적으로 재생산되는가의 여부", 달리 말하면 송신자가 가능한 메시지 중 하나를 택해서 신호를 통해 부호화(인코딩)하고, 송신기와 수신기에서 복호화(디코딩)를 거쳐 수신자에게 전달되는 과정에서 신호가 얼마나 정확히 전달되는가의 여부다.[5] 따라서 메시지를 계산 가능한 양으로 정량화하고 또 전달의 정확도를 정량화하는 것이 관건이다. 그리고 메시지의 의미는 부차적이거나 관심 밖의 문제로 치부된다.

　MTC와 같은 해에 나온 노버트 위너Norbert Wiener(1894~1964)의 《사이버네틱스Cybernetics》 역시 정보혁명의 근간을 이룬 저작 중하나다.[6] 이후 사이버네틱스는 1980년대까지 특히 '메이시 회의'를 거치면서 굵직한 전환을 겪는데, 특히 정보 개념을 확장하여 유기체와 기계를 통신(송수신)과 되먹임feedback으로 이루어지는 동일한 정보처리계로 다룸으로써 인간, 생명, 기계에 대한 새로운 통합적 관점을 제시한 것을 가장 큰 특징으로 한다. 생명체와 기계가 되먹임을 통한 자기조직화 및 자기항상성 유지라는 공통점을 보여 준다는 사실은 사이버네틱스의 중요한 (재)발견이자 또 원리이기도 했다.

　위너의 《사이버네틱스》와 섀넌의 MTC가 가장 극명하게 갈라지는 지점은 엔트로피와 정보의 관계라는 문제에서다.[7] 엔트로피

5　김재희, 〈시몽동의 정보철학〉, 196~197쪽.
6　'메이시 사이버네틱스 회의'(1943~1954)를 위시해서 20세기 사이버네틱스와 정보혁명 전반의 역사에 대해서는 K. 헤일스, 《우리는 어떻게 포스트휴먼이 되었는가》, 허진 옮김, 플래닛, 2013; 김재영, 〈사이버네틱스에서 바라본 생명〉, 《정보혁명》, 최무영·최인령 엮음, 휴머니스트, 2017; 홍성욱, 《포스트휴먼 오딧세이》, 휴머니스트, 2019, 47~61쪽, 147~167쪽.
7　섀넌과 위너의 정보이론의 차이에 대해서는 K. 헤일스, 《우리는 어떻게 포스트휴먼이 되었는가》, 108~116쪽 참조.

에 대해서는 여러 가지 정의가 있지만 특히 정보이론의 맥락에서는 통계역학적 해석에 따라 정의하는 것이 일반적이다.[8] 한 용기에 기체가 담겨 있다 하자. 여기에서 기체 분자 각각의 위치나 속도는 알 수 없다. 압력, 부피, 온도 등의 거시적인 물리량만을 알 수 있을 뿐이다. 통계학적 해석에 따라 이 계의 엔트로피는 각 거시 상태에 대응하는 모든 가능한 미시 상태의 수number of states로 계산된다. 해당 계의 거시적인 물리량에 대한 측정이 정확하지 않다면 가능한 상태의 수도 증가하고 따라서 엔트로피도 증가한다. 반면 기존의 물리량 외에 밀도의 초기 분포, 분자의 종류 등 계에 대한 추가적인 정보가 주어지면, 그에 대응하는 가능한 상태의 수도 감소하고, 따라서 엔트로피도 감소한다. 그런데 정보와 엔트로피를 각각 어떻게 이해하는가에 따라서 엔트로피를 정보의 부족 또는 손실로 볼 수도 있고 아니면 정반대로 과잉으로 볼 수도 있다. 이를테면 볼츠만은 엔트로피를 계의 정보가 결핍된 또는 손실된 양이라 본 반면, MTC에서 정보와 엔트로피는 동형 관계에 있고 따라서 정보에 관한 기술은 엔트로피 증가 법칙에 위배되지 않는다.

---

8 최무영, 《최무영 교수의 물리학 강의》(전면 개정판), 책갈피, 2019, 436~440쪽 및 〈정보의 의미 : 물리학의 관점〉, 한국철학회 편, 《현대 과학과 철학의 대화 : 적극적 소통을 위한 길찾기》, 한울아카데미, 2021, 218-225쪽.

'브리유앵의 정리' : 정보, 엔트로피, 생명

오늘날에는 다소 잊혀진 이름이지만 당대 최고의 물리학자 중 한 명이었던 브리유앵은 특히 정보이론을 선도적으로 연구하고 프랑스에 소개하는 데 큰 역할을 했다.[9] 그는 역시 물리학자로서 생명의 문제에 관심을 가진 슈뢰딩거Erwin Schrödinger의 영향을 받아 정보과학과 열역학, 그리고 생물학의 관계에 관심을 가졌다. 슈뢰딩거는 〈생명이란 무엇인가?〉(1944)에서 환경과 교류하면서 엔트로피 증가를 늦추고 저엔트로피 상태를 유지하는 생명의 특성을 기술하기 위해 "음의 엔트로피negative entropy" 개념을 도입한 바 있다. 이를 차용하여 "네겐트로피néguentropie/negentropy"라는 새로운 개념을 창안한 것이 바로 브리유앵이다.

앞서 말한 것처럼, 생명은 되먹임을 통한 자기조직화 및 자기

---

9 역시 유명한 물리학자였던 마르셀 브리유앵의 아들로 고등사범학교를 졸업하고 제 1차 세계대전에 참전한 뒤 폴 랑주뱅 밑에서 양자 고체물리학에 관한 물리학 박사학위를 받았다. 1927년 양자역학의 탄생을 알린 솔베이 학회에 폴 랑주뱅, 루이 드 브로이 등과 함께 참석한 후 프랑스 내 양자역학의 전파에 기여하기도 했다. 제2차 세계대전이 발발하고 파리가 함락되자 미국으로 망명하여 브라운, 하버드, 컬럼비아대학 등에서 활동했다. 브리유앵이 저술한 《과학과 정보 이론Science and Information Theory》은 1956년에 영문판이 먼저 나오고 3년 뒤인 1959년 프랑스어본이 출판되었다(*La science et la théorie de l'information*, Paris : Masson). 그에 앞서 프랑스 학술지에 관련 주제로 실은 논문의 선집이 그보다 조금 앞서 나왔다: L. Brillouin, *Vie, matière et observation*, Paris: Albin Michel, 1959, pp. 107–111. 참고로 정보철학의 선구자 중 한 명이라 할 수 있는 질베르 시몽동Gilbert Simondon의 《기술적 대상의 존재 양태에 관하여Du mode d'existence des objets techniques》는 한 해 전인 1958년에 출간되었다. 세르의 저작에서 시몽동에 대한 언급을 거의 찾아볼 수 없는 것은 특기할 만한 일이다. 브리유앵의 생애와 사상에 대해서는 J. Segal, "Léon Brillouin et la théorie de l'information," *Le zéro et le un. L'histoire de la notion d'information au XXe siècle*, Paris: Éditions Matériologiques, 2011 참조. 시몽동의 정보철학에 대해서는 김재희, 〈시몽동의 정보철학〉 참조.

항상성 유지라는 측면에서 엔트로피 증가 법칙에 저항한다. 이와 같은 속성을 정보에도 그대로 적용할 수 있다는 것이 위너의 생각이다. "한 계 안의 정보의 양이 그것의 조직화organization의 척도라면, 계의 엔트로피는 그것의 해체disorganization의 척도"이고, "엔트로피가 무질서의 단위라면, 메시지가 전달하는 정보는 질서의 단위"라는 것이다. 반면 MTC에서 정보와 엔트로피의 관계는 역전된다. 정보는 정보원이 메시지를 선택할 수 있는 자유도에 의존한다. 다시 말해 정보는 정보원이 메시지를 택할 때 선택지의 개수, 즉 선택의 자유도의 측정치다. 정보가 많다는 것은 선택의 자유도가 높고 또 무작위성이 그만큼 높다는 것인데, 그럴수록 특정한 메시지가 선택될 확률이 낮아지고 메시지의 정확도도 낮아진다. 정보의 양과 정확도가 비례하지 않는다는 것이다.

브리유앵은 엔트로피를 정보의 결핍과 등가로, 음의 엔트로피, 즉 네겐프로피는 정보의 양과 등가인 것으로 보았다. 자연 상태에서 계는 확률이 낮은 쪽에서 더 높은 쪽으로, 즉 엔트로피가 높고 네겐트로피가 낮은 방향으로 진화한다. 일정한 부피의 기체 분자들은 외부 작용이 없는 경우에는 초기에 어떤 분포를 가졌든지 간에 시간이 지나면 정상분포, 즉 고르게 흩어진 평형 상태에 이른다. 이 평형 상태에서 엔트로피는 최대값을 가지고 네겐트로피는 최솟값을 가진다. 그런데 우리가 특정한 정보를 가지고 계에 개입하면 자연적 변화의 방향에 반反해서 네겐트로피가 높아지게 된다. 맥스웰의 도깨비가 바로 그런 예다.

잘 알려져 있듯이 '맥스웰의 도깨비'는 엔트로피 법칙에 대한

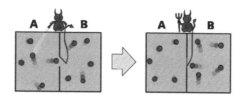

입자를 속도에 따라서 솎아내는 맥스웰 도깨비(그림 출처 : 위키 커먼스)

반례로서 제시된 사고실험이다. 한 용기에 뜨거운(=속도가 빠른 분자들로 이루어져 있는) 기체와 찬(=속도가 느린) A와 B 두 부분으로 나뉘어 담겨 있다 가정하자. 이 용기는 외부로부터의 열이 차단되어 있으며 A와 B는 중앙의 절단면으로 나뉘어져 있다. 이제 절단면을 제거하자. 일정 정도의 시간이 흐른 뒤에 용기는 두 기체의 평균 온도로 평형화될 것이다. 이후 다시 절단면을 원위치에 놓더라도 다시 기체가 원래의 상태처럼 분리되는 일은 발생하지 않을 것이다. 이것이 엔트로피 법칙이 말하는 바다.

그런데 절단면에 분자 하나가 지날 수 있을 정도의 작은 구멍을 뚫고, 그 옆에 개개의 분자를 식별할 수 있을 만큼 섬세한 눈을 가진 도깨비를 앉혀 놓은 뒤, 기체 분자가 구멍에 접근할 때 속도에 따라서 구멍을 열고 닫도록 한다고 가정하자. 가령 B에서 빠른 속도의 입자가 A 쪽으로 접근하거나 반대로 A에서 낮은 속도의 입자가 B 쪽으로 접근하면 구멍을 열어 통과시키고, 그 외의 경우에는 문을 열지 않는 것이다. 도깨비가 하는 일이란 구멍을 열었다 닫았다 하는 것뿐이고, 이에 소요되는 에너지와 열은 무시할

헤르메스가 엄지세대에게: 미셸 세르의 정보철학과 초연결 사유 |

수 있을 만큼 미미하다. 이 과정이 지속되면 일정 시간이 흐른 뒤 용기는 초기의 상태와 마찬가지로 한 쪽은 더운 기체, 다른 한 쪽은 찬 기체로 나뉘게 될 것이다. 그리고 이는 엔트로피 법칙에 위배되는 결과가 될 것이다.

브리유앵은 맥스웰에 대한 반박이 가능하다고 말한다.[10] 맥스웰의 가정에 따르면 이 용기는 이전에도 온도에 따라 분리되어 있었다. 이 초기 상태를 S라 하자. 분리막이 제거되면 기체는 열평형을 이룬다(E). 그러다가 도깨비의 기작을 통해 다시 분리된다 (S′). 이때 S와 S′은 동일하거나 등가이고(S≈S′) 그럼으로써 S와 E 사이에 비가역성이 성립하는가? 그렇지 않다. E에서 S′로의 변환 과정에서 도깨비가 분자의 속도를 측정함으로써 '정보'를 획득하고 그에 따라 네겐트로피가 높아지기 때문이다. S에서 E로의 변환 과정(S→E)에서 손실된 네겐트로피의 양은 E에서 S′로의 변환 과정(E→S′)에서 다시 증가함으로써 회복된다. 다시 말해, S→E에서 엔트로피는 증가했다가 E→S′에서 다시 감소하지만 S와는 달리 S′에서는 각 분자들의 속도 분포에 대한 정보가 획득된 상태이기 때문에 결과적으로 최종 상태 S′의 계는 초기 상태 S보다는 높은 엔트로피 값을 갖게 이로써 엔트로피 법칙은 유지된다. 이것이 맥스웰의 도깨비에 대한 브리유앵의 이른바 "퇴마술"이다.[11]

---

10   최무영, 《최무영 교수의 물리학 강의》, 436~440쪽 및 〈정보의 의미 : 물리학의 관점〉, 225~230쪽.

11   최무영, 《최무영 교수의 물리학 강의》, 443~444쪽.

세르는 브리유앵의 접근에서 하나의 중요한 인식론적 함축을 읽어 낸다.[12] 모든 정보에는 네겐트로피의 대가가 따른다. 다시 말해 "정보를 획득하기 위해서는 네겐트로피라는 대가를 치러야 한다." 세르는 이를 "브리유앵의 정리théorème de Brillouin"라 명명하고 "모든 물리적 인식론, 나아가 모든 대상 인식론의 기본 규칙"으로 규정한다. 오차 없는 측정은 없고 오류가 없는 메시지는 없다. 왜 그런가? 한 치의 오차 없는 정확한 측정이나 메시지에 이르기 위해서는 무한대의 정보가 필요하고, 이는 곧 무한대의 네겐트로피를 의미하는데, 이는 불가능하기 때문이다.

실제로 모든 정보는 채널을 통해 소통되는 과정에서 지속적으로 약화된다. 정보원에서부터 최종 수신자에 이르기까지 하나 이상의 채널을 거치게 되므로 손실은 불가피하다. 채널이 많아질수록 그리고 길어질수록 손실은 커진다. 다른 한편으로 모든 정보 교환에는 일정한 시간이 소요된다. 가장 빠른 교환 수단인 빛조차 속도가 유한하기 때문이다. 그런 점에서 정보원의 정보는 수신자에게 하나의 과거다. 모든 손실을 보전하기 위해 채널을 소급해서 정보원에 접근하는 것은 역사가가 과거를 복원하는 것과 같다.[13] 오류를 일일이 수정하고 원천에 대한 엄밀하고 정확한 복원에 이르기 위해서는 무한의 네겐트로피가 필요하다. 달리 말하

12 M. Serres, *Hermès IV. La Distribution*, Paris: Éditions de Minuit, 1977, pp. 33-36; M. Serres, *Hermès II. L'interférence*, Paris: Éditions de Minuit, 1972, p. 123 참조.

13 정보이론과 역사학의 유비에 대해서는 M. Serres, *Hermès I, La communication*, Paris: Éditions de Minuit, 1969, pp. 28-30 각주 7 참조.

면 무한의 시간이 필요하다. 여기에서 브리유앵 정리의 또 다른 형태가 나온다. "'과거에 대한 엄밀한 인식에는 미래로 무한히 열린 시간이라는 대가가 따른다.' 왜냐하면 무한한 빚을 갚으려면 무한한 시간이 필요하기 때문이다."[14]

잡음

이 모든 과정에는 필연적으로 배경잡음 또는 백색소음bruit/bruit de fond(영어로는 noise)이 개입한다. MTC에 따르면 잡음은 정보를 변형시키고 손실을 야기하는 것으로, 정보와 메시지와는 모순되거나 양립 불가능한 관계에 있고 따라서 제거해야 하는 대상에 불과하다. 그런데 이 관계가 그렇게 자명한가? 세르는 잡음이 모든 소통에 있어 핵심적이며 나아가 근본적인 요소라고 말한다. "소통의 병리는 문자에만 있지 않다. 구술 언어에도 존재한다: 말더듬, 사투리 등. 기술적 수단을 통한 소통〔통신〕도 마찬가지다: 배경음, 누수, 전파방해, 잡음, 교신 장애. 사유 전반에서 우연적인 것이 그러한 것처럼 소음도 소통에 있어서 본질적이다."[15]

흥미롭게도 세르는 에르제의 '탱탱Tintin의 모험' 연작 중《카스타피오레의 보석Les bijoux de la Castafiore》(1962)을 MTC와 더불어 정보철학의 2대 주요 저작 중 하나로 꼽는다. 이 작품은 온갖 종류의 잡음들이 어떻게 인간과 인간, 인간과 비인간 사이의 소통, 나

---

14 Serres, *Hermès IV*, p. 36.

15 Serres, *Hermès I*, p. 40.

아가 이 모두의 삶 전체를 지배하는지를 생생하게 보여 준다.[16]

　주인공 아도크 선장의 자택 물랭사르에 소프라노 가수인 카스타피오레가 찾아온다. 그녀는 공연을 앞두고 세상의 눈을 피해서 비교적 한적한 교외에서 머물렀으면 했고, 시끄러운 것을 싫어하는 선장은 내키지 않지만 허락한다. 이에 가수는 감사를 표하며 앵무새를 선물하는데 이 앵무새는 쉴 새 없이 떠들어 선장을 피곤하게 만든다. 그러던 중 전화가 걸려온다(2번 컷 상단). 가수가 음정 연습을 하는 듯한 소리가 배경음으로 깔리는 가운데 (모든 컷에 걸쳐 윗 부분에 배치된 악보 컷), 선장이 전화를 받으며 "여보세요" 하자 앵무새가 그대로 "여보세요" 하고 반복한다(2번 컷

에르제의 연작만화 '탱탱의 모험' 《카스타피오레의 보석》 중 한 장면.

16　Serres, "Rires : Les bijoux distraits ou la cantatrice sauve," *Hermès II*, pp. 223-236.

헤르메스가 엄지세대에게: 미셸 세르의 정보철학과 초연결 사유 |

하단). 전화를 받아 보니 "상조"라는 이름의 정육점을 찾는, 즉 잘 못 걸린 전화다(3번). 선장이 응대하는 중에 앵무새가 전화벨 소리를 흉내 내며 시끄럽게 군다(3번). 참다 못한 선장이 앵무새에게 욕을 한다(4번). 그러자 수화기 건너 상대편이 자신에게 한 말로 받아들이고 너무하다며 욕으로 되받아친다(5번). 선장은 해명을 시도하지만("당신이 아니라 앵무새에게 한 말이었어요. 그 앵무새가…") 상대편 전화는 이미 끊긴 상태다(6번). 선장이 앵무새에게 화를 내자(7번) 앵무새는 부리로 선장을 찌른다(8번). 이 모든 사건이 진행되는 동안 배경음은 계속해서 흐르고 있었으며 사건이 끝난 후에도 여전히 흐른다.(배경 컷).

이것은 누구에게나 일어날 법한 매우 일상적인 소통, 아니 불통의 상황이다. 1~8번 컷은 통신의 실패 양상 또는 조건을 보여 준다. 컷 2부터가 송신에서의 오류다. 3번은 제대로 된 정보 교환이라 볼 수 없지만, 4번 역시 의미 없는 대화인 것은 마찬가지다. 4번과 5번에서 사물^{quo}을 사람^{qui}으로 착각^{quiproquo}하는 오해가 생기고, 이는 6번에서의 불화, 나아가 7번과 8번의 파국적인 상황으로 이어진다. 원천-원본의 상태를 끝까지 그대로 유지함으로써 말 그대로 성공적인 소통에 성공하는 것은 애초부터 정보나 의미와는 무관했던 배경음뿐이다.

잡음이 소통에 본질적이라 해서 그것이 정보나 메시지의 저변에 있는 어떤 기체나 본체가 되는 것은 결코 아니다. 정보와 잡음의 관계는 어디까지나 상대적인 것으로 세계의 다원적 질서 또는 구조를 따른다. 이 지점에서 세르는 프랑수아 자코브$^{Francois Jacob}$와 앙리 아틀랑

Henri Atlan 등 생물학자들의 조직화organisation 이론을 참조한다.[17] 분자 단위에서 세포로, 세포에서 조직으로, 다시 조직에서 기관으로의 모든 조직화에 적용되는 하나의 논리란 존재하지 않는다. 자코브는 이를 인형 속에 다른 인형이 들어 있는 러시아 인형에 비유한 바 있다. 각 단계마다 새로운 구조와 법칙이 적용된다. 세포 단위에서 유의미하거나 일정한 기능을 갖는 정보였던 것이 조직 단위에서는 잡음에 불과하게 될 수 있고, 반대의 경우도 가능하다.

좀 더 구체적으로, 모든 정보나 신호 전달에 관한 방정식에는 시간 지연이나 도플러 효과 등 말하자면 잡음으로 인해 신호 전달이 지연되는 정도를 보여 주는 함수가 포함된다.[18] 이를 모호성 함수ambiguity function라 부른다. 그런데 이 함수는 두 기지 사이에서 채널을 통해 교환되는 정보에 관한 것인지, 아니면 양 기지와 채널을 포함하는 계 전체에 관한 것인지에 따라 부호가 달라진다. 달리 말하면, 관찰자가 체계 안에 있는가 바깥에 있는가에 따라서 달라진다. 이에 따라 관찰자 자신은 신호에 대해 변환기 또는 교정기redresseur de bruit의 역할을 하게 된다.[19] 전달해야 할 메시지를 방해하는 잡음이 관찰자의 존재라는, 어쩌면 더욱 중요하고 결정적인 정보가 될 수 있는 것이다.

---

[17] Serres, *Hermès III. La traduction*. Paris: Editions de minuit, 1974, pp. 43-72.

[18] Serres, *Hermès IV*, pp. 265-266; N. K. Hayles, "Two Voices, One Channel: Equivocation in Michel Serres," *SubStance N*. 57, 1988, pp. 10-11 참조.

[19] "redresseur"에는 정류기整流器, 즉 교류를 직류로 변환하는 장치라는 뜻도 있고, 교정 또는 보정을 담당하는 사람이라는 뜻도 있다. "redresseur de torts"는 불의를 바로잡는 자, 정의의 사도라는 조롱조의 의미로 쓰인다.

헤르메스에서 엄지세대로:
정보혁명, 그리고 초연결사회

서두에서 언급한 것처럼 세르의 저술 곳곳에는 실로 다양한 인물 personnage이 등장한다. 그래서 일종의 인물열전 같은 인상을 준다. 그러나 세르에게 인물은 단순한 문학적 또는 수사학적 장치가 아니다. 개념의 대리물 혹은 알레고리로 기능한다. 그것은 헤르메스처럼 철학자 자신의 페르소나이거나, "기식자parasite"처럼 하나의 개념에서 출발했지만 다양한 인물들에 의해 연기되는 일종의 역할인가 하면, "엄지세대"와 같이 한 시대를 공유하는 특정 집단을 지칭하는 이른바 세대론적 호칭이기도 하고, "시인간始人間 · 試人間: hominescence"처럼 인류학적 또는 인류세의 함축을 담은 전적으로 새로운 범주이기도 하다. 이 중에서 특히 교환, 소통, 발명 등을 관장하는 그리스의 신 헤르메스는 세르 고유의 철학적 성향 또는 방향을 반영하는 스타일인 한편으로 그 자체로 철학적 방법을 상징하기도 한다.[20]

동시에 헤르메스는 세르가 속한 세대를 일컫는 말이기도 하다.

---

20 세르에게 인물은 질 들뢰즈Gilles Deleuze의 "개념적 인물personnage conceptuel"과 같은 듯 다르다. 철학은 개념을 창조하는 활동이고, 개념적 인물은 철학자, 가장 고유한 의미에서의 철학자는 자신이 만들어 낸 개념을 스스로의 삶을 통해 육화/구체화/예화하는 인물이다. 나아가 철학자 자신 또한 이를 통해 "하나의 철학적 생성 또는 주체"로 생성된다. 에트나화산의 분화구에 뛰어든 엠페도클레스, 고독한 산보자 루소, 사마귀 싸움을 즐겼다는 스피노자 등이 그 예다(G. Deleuze/F. Guattari, *Qu'est-ce que la philosophie?*, Paris: Les Editions de minuit, 1991, pp. 62-63).

1950년대 정보이론 및 이후의 정보혁명과 더불어 탄생한 것이 헤르메스다.[21] 세르에 따르면 정보혁명이야말로 신석기시대 이후 최대의 변화였다. 그 이전까지 소통/통신은 드물고 거의 부재했다고 세르는 말한다. 신석기시대 농경이 시작된 이후 산업화된 사회에 이르기까지 노동은 주어진 원료를 변환해서 재화를 생산하는 작용이었다. 산업혁명은 기계를 통해 에너지와 일(노동) 사이의 변환을 이용해서 효율성과 생산성을 극대화했다. 이를 상징하는 것이 신에게서 불이라는 도구를 훔쳐 인간에게 선사한 프로메테우스였다. 그런데 1950년대 전화, 텔레비전 등 매체 및 기술이 통신을 중심으로 재편되면서 비로소 정보가 흐르고 진정한 의미에서의 소통/통신이 시작되었다. 변환transformation이 정보 information 로, 생산production 또는 재생산reproductin이 번역traduction 으로 대체된 시대, 이 시대를 표상하는 것이 바로 헤르메스다.

헤르메스는 배달부가 아니다. 배포자도 아니다. 메시지를 배포 distribuer하지도 공유partager하지도 분배répartir하지도 않는다. 담지하지도 않는다. 그 자체로 하나의 판(또는 패)이다. 지나갔나 싶으면 어느 틈에 와 있다. 메시지는 혼돈, 즉 문자들의 뭉치이다. 아니 문자 이전의 원소들이다. 헤르메스주의(신비주의)는 비밀이라고들 한다. 그러나 우리는 안다. 이 비밀이 분산éparpillement에 있음을. 비밀

---

21 Serres, *Pantopie ou le monde de Michel Serres. De Hermès à Petite Poucette*, Paris: Le Pommier, 2014, p. 142 이하; Serres, *Hermès II*, p. 127 이하.

이 가장 잘 숨겨지는 것은 분산에서다. 분산에 대한 정보는 우리에게 없다. 헤르메스, 잡음, 하위분포. 현실적인 것은 무수히 넘쳐나되 헤르메스의 지팡이처럼 배배 꼬여 있다. 소란에 교차로와 교환수를 잃어버렸다. 새로운 할당.[22]

헤르메스는 텔레비전을 보며 자랐고, 성인이 된 뒤에는 정보혁명을 목도했다. 그리고 가상혁명으로 디지털 환경이 확대되는 가운데 그 안에서 엄지세대가 자라는 것을 지켜보았다. 엄지세대 Petite Poucette는 엄지공주Petit Pouce에서 착안해서 세르가 창안한 신조어다. 스마트폰을 한시도 놓지 않고 엄지손가락만으로 능숙하게 다루는 소위 밀레니얼 세대들을 지칭한다.

세르는 매체와 기술의 변화가 늘 사회 전반은 물론이고 인간의 인지에도 변화를 수반해 왔음을 강조한다. 특히 구술에서 문자로, 또 문자에서 인쇄술로의 전환이 낳은 개인적이고 사회적인 수준에서 인지의 변화는 엄청난 것이었다. 가장 큰 특징은 지적 능력의 외재화에 있다. 모든 지식을 일일이 암기하고 축적해야 하는 부담에서 벗어나자 인간의 두뇌는 창조적인 일에 몰두하기 시작했다. 구술에서 문자로, 또 문자에서 인쇄술로의 전환은 각각 그리스 철학 및 과학과 근대과학이라는 결과를 낳았다. 그리고 20세기와 21세기의 통신 및 정보기술은 구술에서 문자로, 또 문자에서 활자인쇄로의 전환에 버금가거나 그 이상의 변화를 가져왔다.

---

22 Serres, *Hermès IV*, p. 14.

이를 두고 세르는 신석기시대나 르네상스시대에 맞먹는 인간의 재탄생, 즉 "시인간始人間 · hominescence"의 출현이라고 본다.[23] 그리고 이 상황을 기독교의 성인 드니Denis에 비유한다. 초대 파리 기독교 교회의 주교였던 드니는 로마제국에 의해 사형에 처해지고 파리 북쪽 몽마르트에서 참수형을 당한다. 그런데 참수되자마자 그 자리에서 벌떡 일어나 잘린 머리를 손에 들고 파리 북쪽 외곽까지 걸어간 뒤 그곳에서 삶을 마쳤다고 전해진다. 후에 그가 멈추어선 곳에 그를 기리기 위한 대성당이 건립되고 이 지역은 성聖 드니라는 뜻의 생드니Saint-Denis라 불리게 된다. 세르가 보기에 컴퓨터와 스마트폰을 쥔 현대인은 현대판 생드니다. 컴퓨터와 스마트폰은 엄청난 양의 정보를 저장하고 있다. 덕분에 인간은 인지 능력을 구성하는 기억력과 추론 능력도 변화를 겪었다. 지식은 컴퓨터 내장 디스크, 외장 디스크, 최근에는 클라우드라는 이름의 가상 디스크에 저장된다. 이 지식을 처리하는 프로그램은 이미 우리의 추론 능력을 훨씬 앞서 있다. 이런 상황에서 두뇌의 기능과 역할이 지

---

23 인간을 뜻하는 homo/homme과 adolescence, arborescence, evanescence, coalescence, effervescece 등에서 보듯 "~하기 시작하다", "~으로 되다" 등의 뜻을 가진 기동성機動性 : inchoative 어근 'escere'를 붙여 세르가 만든 신조어다. 세르는 호모 에렉투스 등을 거쳐 호모 사피엔스 이후 인간이 새로운 진화 단계에 접어들었다고 말한다. 여기에서 진화는 아직 진행 중이고 따라서 미완성이지만 이미 변화했고 계속해서 변화하고 있는 상태를 가리킨다. 이러한 존재 양태는 들뢰즈, 과타리, 브라이도티 등이 말하는 "~되기" 개념에 부합하고 따라서 'hominescence(오미네상스)'는 "인간-되기"라는 번역어도 가능하겠으나, 세르의 철학이 이들과 분명히 구분되는 만큼 그가 말하는 'hominescence'를 'becoming human/devenir humain'와 구별할 필요도 있어 보인다. 이제 막 시작始作했고 아직 시작試作 단계라는 뜻을 담기 위해 "시인간(始人間 또는 試人間)"이라는 역어를 제안해 본다.

식의 저장과 추론에 할애되어 있었던 과거와 같을 수는 없다." 우리의 머리는 우리 앞에 객체화된 인지 상자로 놓여 있다."[24]

인지 능력의 변화는 곧 사유의 변화를 가져온다. 들뢰즈는 철학을 개념의 창조로 정의한 바 있다. 이 점에서 세르는 들뢰즈와 대척점에 있다. 세르에게 철학 나아가 사유의 본질은 개념에 있지 않다. 인간의 사유가 개념에 의존하게 된 것은 일종의 역사적 우연이지 필연적이고 선험적인 원리에 의한 것이 아니다. 개념적 사고의 뿌리는 플라톤의 이데아론에 있다. 플라톤 〈대화편〉에서 소크라테스는 지식, 정의 등에 대한 정의定義를 묻고 이에 예시를 나열하면 상대방을 나무라곤 한다. 예시는 정의가 아니다. 소크라테스가 예시가 아닌 정의를 요구한 것은 무엇보다 감각 가능한 현상계를 넘어서 이데아계에 이르는 직관과 사유와 논증의 중요성을 역설하기 위해서지만, 단지 그 때문만은 아니다. 나의 책상과 당신의 책상, 고등학교 교실의 책상은 저마다 다르다. 이 모든 책상을 하나하나 다루는 것은 불가능하다. 적어도 유한한 시간, 인간에게 허용된 시간 안에서는 불가능하다. 이 모든 개별자들에 공통적인, 이 모든 개별자들을 한꺼번에 같이con 잡는cipere/capere 이데아, 즉 보편자를 상정하고 이에 기초해서 사고하는 것이 합리적이요 나아가 "사고의 경제원리"를 따른다면 필요불가결하다. 그러나 이것은 인간의 지적 능력, 특히 기억력이 한정되어 있었던 시절의 이야기다. 사유가 개념에 의존해야 하는 시대는 가고

---

[24]   M. Serres, *La Petite Poucette*, Paris: Éditions Le Pommier, 2012, p. 28.

대신에 알고리즘의 시대가 왔다는 것이 세르의 진단이다. "알고리즘 사고, 즉 컴퓨터의 사유가 개념적 사유의 뒤를 이었다. (…) 컴퓨터는 소크라테스가 금지했던 예시의 나열을 거의 빛의 속도로 해낼 수 있다."[25] 이제 개별자를 보편자에 종속시킬 필요가 없다. 개별자를 하나씩 대입해서 연산으로 처리하면 된다. 예전 같았으면 불합리하거나 실질적으로 불가능한 일이었겠지만 이제는 가능하다. 그리고 심지어 더 빠르다.

우리는 더 이상 의무적으로 개념을 필요로 하지 않는다. 가끔은 개념이 필요하긴 하지만 늘 그런 것은 아니다. 이제 이야기, 예시, 특이성, 사물 그 자체를 원하는 만큼 붙들고 늘어질 수 있다. 이 실천적이고 이론적인 새로움으로 인해 묘사를 중시하고 개별자를 다루는 지식은 그에 걸맞은 가치를 부여받게 된다. 이에 따라 지식도 가능적이고, 우연적이며, 특이한 양태들에도 지식에 준하는 가치가 부여된다.[26]

엄지세대는 지식을 습득하는 데에 있어 기존 교육의 공간과 방식만을 따르지는 않거나 아예 따르지 않는다. 교육의 목적이 단지 지식의 전달에 있다면 이제 이 목적은 학교가 아닌 가상공간을 통해 이루어진다. 이제 거의 모든 지식은 인터넷에 다 있다. 게다가 오히려 과거보다 더 객관화되고 탈중심화되어 모두에게 접

---

25 Serres, *Pantopie*, p. 341.
26 Serres, *La Petite Poucette*, p. 46.

헤르메스가 엄지세대에게: 미셸 세르의 정보철학과 초연결 사유

근 가능하다. 과거 지식이 소수의 엘리트에게 독점되어 생산되고 일방적으로 전달되던 시대, 법정에서 모든 자에게 "무죄 추정의 원칙principe de présomption d'innocence"을 적용하듯 학교와 기업과·언론에서 대중에게 "무지 추정의 원칙principe de présomption d'ignrance"을 적용하는 것이 보통이었다. 그러나 이제 누구에게나 "지식 추정 présomption de connaissance"을 해야 하는 세상이 되었다.

나아가 "엄지세대는 사상 최초의 개인"이라고 세르는 말한다. 물론 개인 개념의 기원은 이전으로 거슬러 올라간다. 이미 사도 바울이 그리스도인이라면 국적도 계급도 성별도 없이 오롯이 개인으로서 하느님 앞에 서야 한다고 가르쳤고, 아우구스티누스는 "나"를 주어로 《고백록》을 썼으며, 데카르트가 난롯가에서 코기토, 즉 생각하는 나를 발견했다. 그러나 진정한 의미에서의 '개인'은 아니었다. 세르는 정보기술 덕분에 개인의 힘이 그 어느 때보다 커지고 또 무엇보다도 즉각성을 띠게 되었다고 말하면서 에드워드 스노든Edward Snowden의 예를 든다. 잘 알려져 있다시피 스노든은 미국 중앙정보국CIA에서 일한 엔지니어로 정보 당국에서 통신회사들의 협력 하에 민간인에 대한 정보를 수집하고 유용한 사실을 폭로한 대표적인 내부고발자다. 그가 미친 영향은 파급의 정도와 특히 속도 면에서 과거 로마의 황제나 절대왕정 시대의 군주 이상인 것은 물론이고 코페르니쿠스나 뉴턴이 사상에 끼친 혁명을 능가하는 것이었다. 그런데 이는 스노든 개인의 힘이 아니라 그와 각 개인들이 문해력을 갖춘 독자층으로서 인터넷을 통해 서로 연결되어 있기에 가능했다.

새로운 (정보)기술은 새로운 개인들이 기다리던 도구다. 이 개인들은 그들보다 많이 아는 제3자들이 부재한 가운데 서로 관계를 맺고 만남을 조직할 도구를 필요로 한다. 역사상 개인이 과거의 전통적인 기관과 견줄 정도의 과학과 정보와 의사결정력을 가진 적은 없었다. (⋯) 이것이 디지털혁명이 가능케 한 것 중 하나다.[27]

이 새로운 개인들은 한 집단에 머물지 않고 계속해서 새로운 집단을 찾는다. 소속은 사회연결망(소셜네트워크)을 통해 계속해서 변하고 끊임없이 재구성된다. 과거 개인은 특정 집단에 소속되고 또 사실상 종속되어 있었지만, 사실 집단은 민족과 같은 관념이나 이데올로기를 토대로 하는 가상에 지나지 않았다. 가상공간에서 개인들 간의 연결은 그러한 가상의 매개 없이도 이루어진다. 집단은 가고 대신 연결만이 남은 것이다("연결이 집단적인 것을 대체했다"). 개인들 간의 상호연결과 관계도 변화를 겪었다. 이웃과 친구는 옆집이 아니라 사회연결망 안에 있다. 이것이 관계에 기초한 사회를 바꾼다. 국적이나 출신 지역이 소속과 정체성을 규정한 이전 시대와는 분명 다르다.

이러한 엄지세대론은 별다른 분석이 없는 세대론적 기술처럼 보이거나, 지나치게 낙관적이고 온정주의적인 태도를 보여 주는 듯도 하다. 이를테면 "지식 추정의 원칙"이 과연 실질적인 효력을 갖는지 의문을 품을 수 있다. 이는 인터넷 정보가 누구에게나 접

---

27 Serres, *Pantopie*, p. 336.

헤르메스가 엄지세대에게: 미셸 세르의 정보철학과 초연결 사유 |

근 가능할 때 가능한데 아직은 희망적인 사고에 불과하다. 또 정보들의 접근성이나 분포의 극심한 편차도 문제지만 정보들의 수준, 다양성, 분포 등도 문제다. 허위 정보가 급속히 확산되고 과도하게 넘쳐나는 정보 감염병infodemic, 특정 정보에 갇혀 새로운 정보를 받아들이지 못하는 반향실 효과echo-chamber effect는 발랄한 엄지세대의 면모보다는 샌드니가 가진 다소 그로테스크한 측면을 보여 주는 듯하다.

흔히 인터넷을 가리켜 정보의 바다라 한다. 정보가 넘쳐나되 이것이 지식, 나아가 반성과 추론을 거쳐 진정한 인식으로 이어지지는 않는다고들 한다. 이러한 견해는 인식의 조건을 제시하고 이에 따라 참된 인식과 그렇지 않은 인식을 구분하는 고전적인 인식론에 기초하는 경우가 대부분이다. 세르도 비슷한 말을 하기는 하지만 논지는 다르다. 그는 오히려 브리유앵의 정리를 예로 들며 인간 인식의 원리는 이제 전통적 인식론이 아닌 정보이론이 다룰 문제라고 말한다.

엄지세대가 사상 최초의, 진정한 의미에서의 개인의 탄생이라는 주장 또한 의문을 가질 만하다. 이와 정반대로 닉 보스트롬Niklas Boström과 같은 특이점 이론가들이나 소위 "데이터교" 옹호자들은 정보에 의한 개인의 소멸을 예언한다.[28] 이들에 따르면 만물의 본질은 가상화 또는 탈물질화된 정보 패턴이다. 인간을 포함한 모든 물질은 그저 이러한 데이터 시스템의 매개체이며, 탈

---

28   송은주, 《당신은 왜 인간입니까?》, 웨일북, 2019, 251쪽에서 재인용.

물질화된 정보와 데이터가 언젠가는 지구는 물론이고 우주 전체로 확장되어 어디에나 존재하고 모든 것을 지배하리라는 것이다. 그리고 이것이 탈개인화라는 결과를 낳으리라는 것이다. 애당초 고립되고 독립적이고 자율적인 개인이란 것이 가능하고 또 가당키는 했는가? 사실 개인은 극도로 다양하며 또 끊임없이 변화하는 연결망을 구성하는 마디(노드)로서 존재하고 또 기능해 왔다.[29] "시인간"으로서의 엄지세대는 인지와 사유 능력의 변화와 더불어, 즉 연결망을 구성하는 마디로서의 위상과 기능을 이전의 그 어느 세대보다도 잘 보여 주고 그 점에서 "개인"의 본연과 본질적 의미에 가장 충실하다고 볼 수 있다.

연결음, 잡음, 웃음

세르는 당대의 이론에서 17~19세기 고전철학의 유산을 재확인하는 고전주의자인 동시에, 20~21세기에 걸쳐 정치, 사회, 경제, 문화 전반에서 일어난 급격한 일반의 변화를 주시하고 이에 예민하게 반응하며 시대와 호흡한 인물이기도 했다. 이 두 가지 측면은 서로 모순을 이루기보다는 그 자체로 하나의 연결망을 형성함으

---

[29] réseau/network 개념은 세르의 사유를 구조주의와 구분하는 중요한 지표이다. 이 개념은 세르의 라이프니츠 독해 나아가 정보철학에서 핵심적인 역할을 수행한다. 이에 대해서는 후속 논문에서 다룰 예정이다.

로써 세르 사유의 독특한 면모를 보여 준다. 이러한 사유를 연결된, 나아가 초연결된 사유라 불러도 크게 어색하지 않을 것이다.

《헤르메스》 연작은 그 형식에서부터 연결의 속성을 체화한다. 이 연작을 이루는 책들은 이전에 독립적으로 발표된 논문들을 분산된 형태로 수록하면서 각각 소통(I), 간섭(II), 번역(III), 분포(IV) 그리고 북서항로(V)라는 부제를 달고 있다. 이 개념들은 철학자 세르가 과학에 대해 취하는 관점, 또는 인식론적 태도이기도 하다. 세르는 바슐라르Gaston Bachelard의 국소적 인식론이 과학 자신의 자기성찰을 넘어설 수 없다고 비판한다. 대안은 각 개별 과학에 대한 것이 아니라 과학들 사이의 융합confluence과 연결망으로 구성되는 백과사전encyclopédie이다. 특정 과학을 참조점référence으로 삼는 대신에 복수의 과학들이 겹치고 교차하는 간섭interférence 또는 상호참조inter-référence되는 공간. 세르는 이 공간을 유영하는 헤르메스다. "복수의 송신자로 구성된 소통의 공간 안에서 움직이는 수신자가 없었다면 아무것도 존재하거나 생각되거나 지각되거나 발명되지 않았을 것이다. 메시지가 순환하고, 잡음이 가득하고, 재고가 쌓인 공간, 백과사전은 이러한 공간의 형상이다."

헤르메스만큼이나 눈길을 끄는 것은 잡음의 존재다. 그는 《헤르메스》의 여러 곳에서 "복잡성이 인식이나 기술적 판단에 장애물로 작용하는 것이 아니라 지식과 경험을 획득하기 위한 최고의 보조 수단"임을 보인 바 있다.[30] 우연, 무질서, 복잡성은 필연, 질

---

30 Serres, *Hermès I*, p. 20.

서, 단순성에 대해서 근원적이고 생성적인 역할을 한다. 이 문제는 《기식자》에서 본격적으로 다루어진다. 여기에서 "기식자"는 영어와 프랑스어 모두 "parasite"로 표기되는데, 프랑스어에서는 ① 기생충, ②초대받지 못한 손님, ③잡음의 세 가지 뜻을 갖는다. 바로 이 텍스트는 흥미롭게도 다음과 같이 끝을 맺는다.

웃음은 연쇄요, 감염이요, 전파다. 전염병이 정보처럼 전파된다는 것은 변함 없는 사실이다. 이는 상당히 난해한 정리들에서 증명된 바다. 광고와 전염은 족제비마냥 까치에서 앵무새로 정신없이 뛰어다닌다. 우리는 전파된 것들에 둘러싸여 살고 있다. 이 세상에는 때로는 전염병 대유행pandémie이, 때로는 잡음이, 때로는 광대의 익살이 판을 친다. 그러니, 아픈 게 아니라면, 어찌 매 교차로마다 숨이 넘어가게 웃지 않을 수 있으며, 또 혼자서도 눈물이 나도록 웃지 않을 수 있겠는가(위대한 광대의 부재가 느껴진다는 것은 건강의 신호일 것이다).[31]

전염병에 대한 정보가 전염병 대유행(팬데믹)만큼이나 또 다른 감염병인 정보감염병(인포데믹)을 낳는 세상. 그 사이에 잡음과 웃음이 있다.

---

31 Serres, *Hermès II*, p. 236.

참고문헌

김재영, 〈사이버네틱스에서 바라본 생명〉, 최무영·최인령 엮음, 《정보혁명》, 휴머니스트, 2017.

김재영, 〈시몽동의 정보철학: 사이버네틱스를 넘어서〉, 《철학연구》 제130집, 철학연구회, 2020.

박충식, 〈생명으로서의 인공지능: 정보철학적 관점에서〉, 이중원 엮음, 《인공지능의 존재론》, 한울, 2018.

송은주, 《당신은 왜 인간입니까?》, 웨일북, 2019,

이정민, 〈생명의 이해: 물리적 관점에서 정보적 관점으로〉, 최무영·최인령 엮음, 《정보혁명》, 휴머니스트, 2017.

이지훈, 〈미셸 세르: 헤르메스 또는 천사들의 전설〉, 《아카필로》 창간호, 2000.

최무영, 《최무영 교수의 물리학 강의》(전면 개정판), 책갈피, 2019.

_____, 〈정보의 의미 : 물리학의 관점〉, 한국철학회 편, 《현대 과학과 철학의 대화 : 적극적 소통을 위한 길찾기》, 한울아카데미, 2021.

헤일스, 캐서린, 《우리는 어떻게 포스트휴먼이 되었는가》, 허진 옮김, 플래닛, 2013.

홍성욱, 《포스트휴먼 오딧세이》, 휴머니스트, 2019.

Bensaude-Vincent, Bernadette, "MICHEL SERRES (1930-2019)," *Revue philosophique de la France et de l'étranger*, Vol. 145, 2020.

Brillouin, Léon, *Vie, matière et observation*. Paris: Albin Michel, 1959.

Deleuze, Gilles & Guattari, Félix, *Qu'est-ce que la philosophie?*, Paris: Editions de minuit, 1991.

Hayles, Katherine H., "Two Voices, One Channel: Equivocation in Michel Serres," *SubStance* N. 57, 1988.

Segal, Jérôme, "Léon Brillouin et la théorie de l'information," *Le zéro et le un. L'histoire de la notion d'information au XXe siècle*, Paris: Editions

Matériologiques., 2011.

Serres, Michel, *Hermès I. La communication*, Paris: Éditions de Minuit, 1969.

_____, *Hermès II. L'interférence*, Paris: Éditions de Minuit, 1972.

_____, *Hermès III. La traduction*, Paris: Éditions de Minuit, 1974.

_____, *Hermès IV. La Distribution*, Paris: Éditions de Minuit, 1977.

_____, *La Petite Poucette*, Paris: Le Pommier, 2012.

_____, *Pantopie, ou le monde de Michel Serres. De Hermès à Petite Poucette* (avec Martin Legros et Sven Ortoli), Paris: Le Pommier, 2014.

초연결의 철학

2021년 7월 30일 초판 1쇄 발행

지은이 | 송상용 · 정대현 · 김선희 · 이영의 · 정성훈 · 심지원 · 이지선
펴낸이 | 노경인 · 김주영

펴낸곳 | 도서출판 앨피
출판등록 | 2004년 11월 23일 제2011-000087호
주소 | 우)07275 서울시 영등포구 영등포로 5길 19(37-1 동아프라임밸리) 1202-1호
전화 | 02-336-2776 팩스 | 0505-115-0525
전자우편 | lpbook12@naver.com

ISBN 979-11-90901-38-3